JN409795

이 시대에 필요한

기도 트렌드

김성중 목사

민영사 예사람

추천사

하나님의 방법은 기도입니다. 성경에는 하나님의 방법이 된 수많은 기도가 있습니다. 멸망의 소돔성을 중보한 아브람의 기도. 백성의 구원을 위해 영혼을 건 모세의 기도. 하나님의 임재를 보게 한 엘리야의 기도. 부르심의 소명 앞에 드린 느헤미야의 기도. 기도 중의 기도라 할 수 있는 주님이 가르쳐 주신 기도가 그 예입니다.

우리가 쉽게 지나가는 기도지만 기도의 내용과 목적을 분명히 말해주는 기도가 있습니다. 이름하여 〈기도 트렌드〉입니다. 저자 김성중 목사님은 하나님보다 하나님이 주시는 '그 무엇'에만 관심을 갖고 기복신앙에 젖어드는 그리스도인들에게 에베소 교회를 향한 바울의 기도를 통해 '무엇을 어떻게 기도할 것인가?'에 대한 명쾌한 교훈을 주고 있습니다. 김성중 목사님은 신학자로, 선교사와 목회자로서 사역을 감당해 온 사람으로 기도의 이론가가 아닌, 깊은 기도의 경험자입니다. 사랑을 잘하는 사람이 기도도 잘한다는 말이 있습니다. 이 책은 하나님의 사랑을 삶으로 체험한 가슴으로 쓴 글입니다.

신용백 목사(시냇가푸른나무교회 담임, 전 국방부 군종실장)

이 책은 이 시대를 사는 크리스천들에게 꼭 필요한 기도에 대한 지침을 제공하는 책입니다. 교육의 전문가인 저자는 바울의 기도를 통해 기도의 모델을 발견하고, 우리의 실생활에 적용할 수 있는 기도의 내용과 실제를 제공하고 있습니다. 기도는 하는 것이 중요합니다. 그러나 더 중요한 것은 하나님께서 기뻐하시는 기도를 해야 하는 것입니다. 습관과 같이 되어버린 우리의 기복주의적인 기도에서 탈피해서 하나님의 뜻과 의를 위하는 기도가 필요합니다. 기도는 어릴 때부터 제대로 교육하고 훈련해야 합니다. 그렇기 때문에 이 책은 어린 학생부터 어른에 이르기까지 읽고 삶 속에서 실천해야 합니다. 바른 기도에 대한 가르침을 제공해주고 있는 이 책을 추천하는 바입니다.

이찬수 목사(분당우리교회 담임)

사도 바울은 로마서 8장 26절에서 성령님께서 말할 수 없는 탄식으로 우리를 위해 친히 기도하신다고 말씀하십니다. 그것은 우리가 무엇을 기도해야 하는지 모르기 때문입니다. 많은 성도들이 기도를 자신의 꿈을 이루기 위해서 하나님을 압박하는 도구로 이해합니다. 어떤 성도들은 기도를 통해 어떻게 해서든지 하나님을 움직여 자기 뜻을 이루는 방법이라고 생각하기도 합니다. 이런 오해 때문에 우리의 신앙생활이 무기력해지고, 기쁨도 보람도 없어집니다. 김성중 교수님의 이 책은 능력 있는 기도가 무엇인지, 하나님과 교제케 하는 참 기도가 무엇인지를 안내하는 귀한 책입니다. 모든 성도들의 일독을 권합니다.

박은조 목사(은혜샘물교회 담임, 은혜샘물 기독교학교 이사장,
한국 오엠 이사장)

우리는 때로 호흡 훈련을 합니다. 노래하는 사람은 발성 호흡을, 출산을 앞둔 산모는 라마즈호흡을, 마라톤 선수는 장거리 경주에 필요한 호흡법을 익힙니다.

기도는 영적인 호흡입니다. 김성중 목사님의 〈기도 트렌드〉는 기도의 호흡을 도와주는 좋은 트레이너입니다. 평범하지만 가장 특별한 영적 호흡을 배우기 원하는 모든 분들에게 이 책을 진심으로 추천합니다.

허요환 목사(안산제일교회 담임)

종교개혁 500주년 기념의 해가 시작되었습니다. 두려움으로 내 신앙의 모든 것을 되돌아보게 되는 봄. 〈기도 트렌드〉는 목마르게 기다렸던 친구처럼 반갑습니다. 이전의 모든 책에서 그랬던 것처럼, 저자는 사거리에서 소리 높여 외치지 않고, 성서의 구석구석에 숨어있는 '기도'의 핵심을 찾아내어 세밀하고 사랑 넘치는 어조로 신앙의 정수인 기도에 대해서 말해줍니다. 〈기도 트렌드〉는 기도의 회복을 통해 신앙과 삶을 회복함으로 영적인 봄을 맞이하기 원하는 모든 이에게 꼭 필요한 '셀프 가이드북'입니다.

이소윤 대표(방송작가, 다큐 제작자, 스토리윤 대표)

"쌤, 왜 기도해야 되요?"

주일학교 중등부 1학년 우리 반 아이가 진짜 궁금해서 나에게 물었습니다.

"하나님께 접속하는 거야, 인터넷처럼. 너가 친구랑 톡하려면 인터넷에 접속해야 되잖아. 그것처럼 하나님과 톡하려고 접속하는 것이 기도야."

이제 이 아이에게 바울처럼 기도하는 방법을 가르쳐 줄 수 있겠습니다. 바울처럼 기도하고, 바울처럼 예수님을 모르는 영혼들을 구합시다! 그래서 세상 모든 민족이 전능하신 하나님 앞에 굴복되며, 이 땅에 푸르고 푸른 그리스도의 계절이 올 수 있도록 함께 기도합시다!

오승환 대표(네이버 공동창업자, 네이버문화재단 이사장, 더작은재단 대표)

날마다 드리는 영적 호흡과 같은 우리의 기도가 아버지 하나님을 감동시킨다면 얼마나 행복하겠습니까? 이 책을 통해 그러한 기도생활로 나아가게 될 것이라 확신합니다. 성도님들의 성숙된 기도생활로 이끄는 지침서와 같은 책입니다!!!

강찬 찬양사역자(CCM가수, 예배인도자)

〈기도 트렌드〉는 주 예수 그리스도를 만남으로 죽음에서 다시 살아난 기쁨의 고백입니다. 〈기도 트렌드〉는 아무 조건 없이 넘치게 사랑하신 주님에 대한 갈급한 사랑의 고백입니다. 〈기도 트렌드〉는 주님의 그 사랑을 닮고 싶은 열정과 소망입니다. 〈기도 트렌드〉는 많은 이들에게 이 사랑의 마음을 나누고 싶어 하는 애달픈 마음입니다.

〈기도 트렌드〉를 통해 다시 한번 주님의 사랑을 느끼게 해 주신 목사님의 수고에 하나님의 은혜가 충만하시기를 기도하며 이 책을 추천합니다.

김대선 대표(영화제작사 "옐로우 레빗")

차례

들어가면서

십여 년 전에 "야베스의 기도"라는 책이 시중에 나와서 엄청난 사랑을 받았다. "야베스의 기도"라는 책은 역대상 4장 9~10절에 나온

"야베스는 그 형제보다 존귀한 자라 그 어미가 이름하여 야베스라 하였으니 이는 내가 수고로이 낳았다 함이었더라 야베스가 이스라엘 하나님께 아뢰어 가로되 원컨대 주께서 내게 복에 복을 더하사 나의 지경을 넓히시고 주의 손으로 나를 도우사 나로 환난을 벗어나 근심이 없게 하옵소서 하였더니 하나님이 그 구하는 것을 허락하셨더라"

라는 구절을 가지고 복에 대한 갈망과 간구가 얼마나

중요한지를 우리에게 일깨워 준 소중한 책이다.

물론 이와 같은 기도, 복에 대한 갈급함도 중요하다. 하지만, 복 자체에만 의미를 두게 되면 자칫하다 기복주의적인 신앙에 빠질 우려가 있다. 실제로 한국교인들은 기복주의적인 신앙에 빠졌다는 지적을 꽤 많이 받는다.

그럼 기복주의적인 신앙은 무엇인가? 그것은 복이 우선순위가 되는, 복이 목적인 것이다. 다시 말하면, 복을 받기 위해서 신앙생활을 하는 것이다. 헌금내고, 예배 잘 드리고, 봉사하는 목적이 인생 속에서 복을 받기 위함이다. 이것이 바로 기복주의적인 신앙의 모습인 것이다.

물론 성경은 여러 군데에서 복에 대한 강조를 하고 있다. 하지만, 성경에서 말하고 있는 복은 하나님을 잘 믿음으로 인한 결과적인 복이다. 복이 목적이 아닌, 복이 결과인 것이다. 즉 하나님을 잘 섬기는 것, 하나님을 기쁘시게 해 드리는 것, 하나님의 영광을 위한 것이 바로 신앙생활의 목적인 것이다. 그럼으로써 하나님께서 복을 주시는 것을 받아 누림이 건전한 복에 대한 이해이자, 기대여야 하는 것이다. 이에 대하여 예수님께서 마태복음 6장 33절에서 분명하게 말씀하셨다.

"너희는 먼저 그의 나라와 그의 의를 구하라 그리하면 이 모든 것을 너희에게 더하시리라"

신앙생활의 목적은 하나님의 나라와 하나님의 의, 하나님의 뜻을 구하는 것이어야 한다. 쉽게 말하면, 하나님을 잘 믿는 믿음이어야 한다. 그러면, 결과로서 인생 가운데 필요한 세상적인 복도 하나님께서 우리에게 더해주시는 것이다.

신앙생활을 해 나갈 때 머리 속에 돈, 명예, 권력, 건강과 같은 세상의 복이 먼저 떠오르는 것이 아니라, 하나님의 영광, 하나님의 의, 하나님의 뜻이 먼저 떠올라야, 아니 사랑하는 하나님 존재 자체가 떠올라야 기복주의 신앙에 빠지지 않은 건전한 신앙을 소유한 사람의 모습인 것이다.

내가 어릴 적에 아버지는 일로 인해 가끔 외국에 다녀오셨다. 아버지께서 외국에서 돌아오실 때쯤이면 나는 신이 나고 마음이 설레었다. 아버지가 오시기 전날 밤에는 심지어 한숨도 자지 못했다.

그 이유는 왜였을까? 그것은 물론 아버지가 너무 보고 싶은 면도 없지 않았지만, 더 솔직한 고백은 아버지께서 외국에서 나를 위해 사 오실 선물이 기대되었기 때문이다.

"얼마나 멋진 선물을 사오실까?"

생각하니까 설레고, 기분이 좋아서 잠을 잘 수 없었던 것이다.

아버지를 사랑하는 것인지, 아버지가 사 오실 선물을 사랑하는 것인지를 확실히 해야 한다.

우리의 신앙도 마찬가지이다. 하나님 그분이 생각나고, 그분을 사랑하니까 신앙생활을 하는 것이어야지, 하나님이 주실 선물을 사랑하고, 선물에 마음이 빼겨서 신앙생활을 하는 것이어서는 안 된다. 물론 겉으로는 아니라고 하겠지만, 은연중에 이러한 기복주의적인 사고가 우리의 신앙 속에 스며들어와 있다.

하나님께만 초점을 맞춘 건강한 신앙생활이 우리에게 요구되고 있다. 나는 이와 같이 건강하고, 건전한 신앙생활을 가능케 해 주는 기도를 에베소서에 나온 "바울의 기도"에서 발견했다. 마태복음 6장 33절의 "너희는 먼저 그의 나라와 그의 의를 구하라 그리하면 이 모든 것을 너희에게 더하시리라"고 하신 예수님 말씀처럼, 바울은 하나님의 나라와 하나님의 의가 우리 안에서 이루어지기를 소망하는 기도를 드렸다.

지금 이 시대에 필요한 기도는 야베스의 기도보다 바울의 기도이다. 왜 그런지 쉽게 생각해보자!

우리가 부모의 입장이 되어서 우리 아이들을 생각해보면 쉽게 이해할 수 있다. 아이가 떼를 쓰며 필요한 것을 사달라고 요구하며 울 때, 부모는 그 아이의 요구를 들어준다. 부모이기 때문이다. 그러나 간혹 자기가 필요한 것을 위해 떼를 쓰기보다는 부모의 마음을 헤아려 부모가 기뻐하는 선택을 하며 노력하는 아이도 있을 것이다.

부모는 어떤 아이를 더 기특하게 여기게 될까? 부모는 후자의 아이에게 감동을 받을 것이다. 부모는 후자의 아이에게 감동을 받아서 그가 요구하지도 않은 것까지도 사 주실 것이다. 전자의 아이는 자기가 필요한 것만 떼를 쓰며 울고불고 난리쳐서 힘들게 얻겠지만, 후자의 아이는 웃으면서, 자기가 요구하지 않은 것 이

상으로 부모에게 받을 것이다. 왜 그럴까? 부모는 아이가 좋아하는 것, 필요한 것을 더 잘 알기 때문이다. 이 예는 마태복음 6장 33절을 쉽게 해설한 것이다.

우리는 하나님 앞에서 어떤 아이가 되어야 할까? 전자의 아이처럼 떼를 쓰고, 기진맥진해서 힘들게 우리가 구한 것만 얻을 것인가? 아니면 지혜로운 후자의 아이처럼 하나님의 뜻을 헤아려서 하나님을 감동시키고, 우리가 요구하지도 않은 것 이상을 받을 것인가? 그 선택은 우리에게 달려 있다.

열왕기상 3장에 나온 솔로몬 왕은 부모의 마음을 헤아리는 아이였다. 그는 왕이 되고 나서 일천번제를 드렸다. 이것은 결코 쉬운 것이 아니다. 우리는 힘든 일이 있을 때, 뭐 필요한 것이 있을 때에는 신앙생활을 잘 한다. 예배도 잘 드리고 헌금도 잘 드린다. 그러나 그 힘든 일이 지나고 평온할 때, 좋은 일이 겹칠 때는 안타깝게도 하나님을 잊어버린다. 그러나 솔로몬 왕은 그러하지 않았다. 솔로몬은 최고의 위치인 왕의 자리에 올

랐을 때 가장 뜨거운 신앙의 모습을 보였다. 그는 하나님께 진정으로 예배를 드렸다. 하나님께 최고의 것을 바쳤다. 그러자 하나님께서 감동받으셔서 솔로몬 왕에게 나타나셔서 뭐 필요한 거 없냐고 물어보셨다. 그러나 솔로몬 왕은 자기가 필요한 세상적인 돈, 명예, 권력과 같은 복을 구하지 않았다. 오히려 하나님의 마음과 뜻을 헤아려 하나님께서 기뻐하실 만한 답변을 했다.

"누가 주의 이 많은 백성을 재판할 수 있사오리이까 듣는 마음을 종에게 주사 주의 백성을 재판하여 선악을 분별하게 하옵소서"

이 열왕기상 3장 9절 말씀은 주님의 백성들을 잘 재판할 수 있도록 하나님의 지혜를 허락해 달라는 솔로몬의 기도이다. 이 간구는 하나님의 뜻이었다. 10절에 더 놀라운 구절이 나온다.

"솔로몬이 이것을 구하매 그 말씀이 주의 마음에 든지라"

그 다음 12~13절에 나온 하나님의 말씀을 읽으며 우리는 더욱 놀라게 된다.

"내가 네 말대로 하여 네게 지혜롭고 총명한 마음을 주노니 네 앞에도 너와 같은 자가 없겠거니와 네 뒤에도 너와 같은 자가 일어남이 없으리라 내가 또 네가 구하지 아니한 부귀와 영광도 네게 주노니 네 평생에 왕들 중에 너와 같은 자가 없을 것이라"

부모님의 뜻과 마음을 헤아리는 아이가 구하지 않은 더 많은 것을 받았던 것처럼, 솔로몬은 구하지도 않은 그러나 인간이기에 생각은 했을만한 세상적인 부와 영광, 세상적인 복을 받았다. 바로 이것이다!

우리에게는 이와 같은 하나님의 뜻을 헤아리는, 하나님을 감동시키는 기도가 필요하다. 그러면 우리의 필요를 다 아시는 하나님께서, 야베스의 기도처럼 세상적인 복을 구하지 않아도 알아서 다 채워주신다.

야베스의 기도가 잘못되었다는 이야기가 아니다. 다만, 야베스의 기도는 위에서 말한 전자의 아이의 모습이기에 더 고차원적인, 더 성숙된 후자의 아이와 같은 모습, 후자의 아이와 같은 기도가 필요하다는 것이다. 그 성숙된 기도, 하나님의 마음에 합당한 기도가 바로 에베소서에 나온 바울의 기도인 것이다.

우리가 잘 아는 것처럼 바울은 예수 그리스도를 만나기 전에는 교회를 핍박하고, 예수님을 믿는 자들을 박해하고, 옥에 잡아 가두던 사단과 같은 존재였다. 그러나 그가 다메섹 도상에서 예수님을 만난 이후에는 예수님의 제자가 되어 예수 그리스도의 복음을 위해 죽도록 충성했고, 신약성서의 반 이상을 썼고, 기독교가 전 세계로 확장되는 데 가장 큰 공헌을 한 엄청난 복음전도자가 되었다. 그리고 마지막에는 순교의 피를 기독교의 역사에 뿌렸다. 그가 그렇게 엄청난 능력을 행하고, 영향력을 발휘하는 전도자로 활동할 수 있었던 것은 사역하는 내내 항상 기도하는 사람이었기 때문이다. 바울은 데살로니가전서 5장 17절에 이렇게 말하고 있다.

"쉬지 말고 기도하라"

바울 자신은 바로 쉬지 않고 기도했던 기도의 사람이었다. 바울은 기도의 힘으로 많은 주의 일을 감당할 수 있었던 것이다. 그리고 그는 하나님의 뜻에 합당한 기도를 했기에 하나님께서 그를 인도하시고, 크게 쓰셨던 것이다.

바울서신서에는 바울의 기도가 여러 군데 언급되고 있으나(빌립보서 1장 9절, 골로새서 1장9절 이하, 데살로니가후서 1장 11~12절 등등), 그 중에서도 에베소서에 나온 바울의 기도 본문이 가장 자세하게 나온 바울의 기도이기에 에베소서에 나온 바울의 기도를 통해 우리 기도의 모델을 발견하고 싶다. 바울의 기도는 에베소서 1장 17~23절, 3장 16~21절 두 부분에 나온다.

에베소서는 빌립보서, 골로새서, 빌레몬서와 함께 옥중서신으로 알려져 있다. 즉, 가장 밑바닥, 가장 힘든 상황에서 쓴 편지이다. 사람은 가장 처절한 상황에 처했을 때 인간의 진심(眞心), 그 사람의 인생관, 신앙, 신학이 다 드러난다. 그래서 고난에 처해봐야 그 사람을 제대로 알 수 있다는 말이 있다. 바울은 가장 처절한 환경에서도 기쁨을 이야기하고, 에베소 교인들을 위해서 하나님의 뜻에 합당한 중보 기도를 할 수 있었다. 바울의 기도는 에베소 교인들을 간절히 사랑하며 그들이 이렇게 되었으면 좋겠다는 열망을 가지고, 하나님께 드린 기도이다. 우리도 에베소 교인들을 향해 드렸던 바울의 기도처럼 우리 자신에게 이러한 기도를 드릴 수 있어야 한다. 하나님께서는 당신의 마음에 합당한 기도를 통해 우리에게 크게 역사하실 것이다. 아멘!!

우리 주 예수 그리스도의 하나님, 영광의 아버지께서 지혜와 계시의 영을 너희에게 주사 하나님을 알게 하시고 너희 마음의 눈을 밝히사 그의 부르심의 소망이 무엇이며 성도 안에서 그 기업의 영광의 풍성함이 무엇이며 그의 힘의 위력으로 역사하심을 따라 믿는 우리에게 베푸신 능력의 지극히 크심이 어떠한 것을 너희로 알게 하시기를 구하노라 그의 능력이 그리스도 안에서 역사하사 죽은 자들 가운데서 다시 살리시고 하늘에서 자기의 오른편에 앉히사 모든 통치와 권세와 능력과 주권과 이 세상뿐 아니라 오는 세상에 일컫는 모든 이름 위에 뛰어나게 하시고 또 만물을 그의 발 아래에 복종하게 하시고 그를 만물 위에 교회의 머리로 삼으셨느니라 교회는 그의 몸이니 만물 안에서 만물을 충만하게 하시는 이의 충만함이니라

에베소서 1장 17~23절

그의 영광의 풍성함을 따라 그의 성령으로 말미암아 너희 속사람을 능력으로 강건하게 하시오며 믿음으로 말미암아 그리스도께서 너희 마음에 계시게 하시옵고 너희가 사랑 가운데서

뿌리가 박히고 터가 굳어져서 능히 모든 성도와 함께 지식에
넘치는 그리스도의 사랑을 알고 그 너비와 길이와 높이와 깊
이가 어떠함을 깨달아 하나님의 모든 충만하신 것으로 너희에
게 충만하게 하시기를 구하노라 우리 가운데서 역사하시는 능
력대로 우리가 구하거나 생각하는 모든 것에 더 넘치도록 능
히 하실 이에게 교회 안에서와 그리스도 예수 안에서 영광이
대대로 영원무궁하기를 원하노라 아멘

에베소서 3장 16~21절

Chapter 1

첫 번째 바울의 기도

하나님을 제대로 알게 하소서!

"

에베소서 1장 17절

우리 주 예수 그리스도의 하나님,

영광의 아버지께서

지혜와 계시의 영을 너희에게 주사

하나님을 알게 하시고,

"

> 우리 주 예수 그리스도의 하나님,
> 영광의 아버지께서
> 지혜와 계시의 영을 너희에게 주사
> 하나님을 알게 하시고,
> 에베소서 1장 17절

우리는 언제 바울처럼 이런 기도를 드려 보았는가? 하나님께서 이러한 바울의 기도를 들으시고, 감동받아서 울지 않으셨을까 생각해 본다. 바울의 기도와 비교해 볼 때 보통 우리의 기도는 어떠한가?

“왜 이것 밖에 안 들어주십니까? 왜 이런 고난이 있습니까? 하나님은 저를 사랑하시기는 한 겁니까? 왜 저를 이렇게 힘들게 하십니까? 좀 달라고요...”

이와 같이 따지는 기도로 시작하지는 않는가? 바울의 기도는 시작부터 우리의 기도와 많이 다르다.

우리는 하나님께 시비거는 듯한 기도를 하지 말아야 한다. 하나님께 받으려고 기도하는 사람이 시비 조로 기도하면 뭐가 좋겠는가! 우리의 기도내용은 우리의 신앙상태를 대변해 준다. 그러므로 이제 우리의 기도의 내용, 기도의 말투 등등을 곰곰이 분석해 보자. 그것이 바로 우리가 지금 가지고 있는 신앙의 모습이자 수준이다.

"우리 주 예수 그리스도의 하나님, 영광의 아버지께서 지혜와 계시의 영을 너희에게 주사 하나님을 알게 하시고"

수십 번 읽어봐도 기가 막혀 귀가 막혀버릴 것 같이 환상적인 구절이다. 이 구절을 읽고, 정말 바울은 대단한 분이라는 찬사를 하지 않을 수가 없다. 가장 처절하게 힘들고, 고독한 감옥에서 이와 같은 고차원적인 중보기도가 나오니 말이다.

이 구절에서 '지혜'는 히브리어 명사 '호크마'인데, 이것은 관찰, 경험, 반성에 의해 얻어지는, 적절한 생활에 대한 지식과 감정을 말한다. 그러나 이 지혜는 공부만 한다고 제대로 얻어지는 것이 아니다. 이 지혜를 얻는 방법이 바로 시편 111편 10절, 잠언 1장 7절, 잠언 9장 10절 등에 나와 있다.

"여호와를 경외함이 지혜의 근본이라"

"여호와를 경외하는 것이 지식의 근본이거늘"

"여호와를 경외하는 것이 지혜의 근본이요"

우리가 지혜를 얻을 수 있는 방법은 바로 여호와를 경외하는 것이다. 경외는 존경해서 두려운 것을 말한다.

어떤 힘센 사람이 나한테 위협을 가해서 두려워하는 것은 그 힘 때문에 내가 해를 입을까봐 두려운 것이다. 그러나 어떤 위대한 스승을 만나면, 그분의 권위와 완벽함, 그림자도 밟을 수 없을 정도의 존경심이 우러나와서 두렵게 된다.

우리는 존경의 두려움을 가져야 한다. 하나님을 경외해야 한다. 하나님은 전지전능하시고, 거룩하시므로 그분을 생각할 때 존경하게 되고 그래서 두려워져야 한다.

또 '계시'는 하나님께서 친히 인간에게 열어 보여주시는 일, 즉 감추어져 있고 덮어져 있는 하나님의 진리를 뜻한다. 하나님은 초월적인 존재이시므로 우리는 하나님을 보거나 알 수 없으며, 이는 사람의 노력으로는 불가능하다.

그래서 바울은 인간으로서는 측면에서는 얻기 힘든 지혜와 계시를 얻게 해달라고 기도한다. 인간의 방법으로는 참된 지혜와 하나님의 계시를 알 수 없기 때문에 그냥 지혜와 계시를 달라고 한 것이 아니라, 지혜와 계시의 영을 달라고 기도한 것이다. 이것은 하나님의 도움을 구하는 기도이다.

지혜와 계시의 영이 누구신가? 바로 성령 하나님이시다. 즉, 이 기도는 지혜와 계시의 영이신 성령님이 임하여 달라는 기도이다.

우리의 생각, 판단, 지혜를 가지고는 삼위일체 하나님을 제대로 알 수 없으나, 하나님의 영인 성령님이 우리 안에 계시면 우리는 성령님을 통해서 하나님을 알 수 있게 되는 것이다. 성령님께서 하나님이 누구이신지 우리에게 가르쳐 주시는 것이다.

그래서 바울은 고린도전서 2장 10~11절에 이렇게 말씀하고 있다.

"오직 하나님이 성령으로 이것을(이것은 고린도전서 2장의 문맥상 "하나님의 지혜"이다.) 우리에게 보이셨으니 성령은 모든 것 곧 하나님의 깊은 것까지도 통달하시느니라 사람의 일을 사람의 속에 있는 영 외에 누가 알리요 이와 같이 하나님의 일도 하나님의 영 외에는 아무도 알지 못하느니라"

정말 놀라운 말씀이다. 하나님의 영인 성령만이 하나님의 지혜를 알 수 있고, 하나님의 깊은 뜻을 통달하시고, 하나님의 마음을 알 수 있다는 것이다.

요한복음 14장 26절에서도 예수님께서는 바울과 비슷한 말씀을 하셨다.

"보혜사 곧 아버지께서 내 이름으로 보내실 성령 그가 너희에게 모든 것을 가르치고 내가 너희에게 말한 모든 것을 생각나게 하리라"

성령님께서 우리에게 하나님의 말씀, 하나님의 뜻을 알 수 있게 가르쳐주시는 것이다. 이런 역사가 일어나면 하나님을 잘 알 수 있게 되는 것이다.

이처럼 바울이 지혜와 계시의 영인 성령을 구한 이유는 바로 하나님을 알고자 함이다. 성부, 성자, 성령 삼위일체 하나님을 정확히 알기 위해서이다. 왜 앎이 중요할까? 바로 아는 만큼 사랑하기 때문이다. 물론 사랑한 만큼 아는 것도 맞는 말이다. 그러나 사랑에 있어서 감정적 요소를 배제하고 객관적으로 바라보면, 안 만큼 사랑하는 것이다. 그리고 알게 된 만큼 믿고 신뢰하게 되는 것이다. 결국 지식과 사랑과 믿음은 함께 진행되는 것이다. 그래서 에베소서 4장 13절에서 바울은

"우리가 다 하나님의 아들을 믿는 것과 아는 일에 하나가 되어 온전한 사람을 이루어 그리스도의 장성한 분량이 충만한 데까지 이르리니"

라고 말한 것이다.

예전에 한 청년이 나에게 찾아와서 연애상담을 했다. 그 청년은 교회 안에서 지나가는 한 여자를 처음 본 순간 사랑에 빠졌다고 말했다. 그러

나 그 여자의 이름도 모르고, 그 여자의 나이도 모른다는 것이었다. 단지 같은 교회에 다닌다는 것만 안다는 것이었다. 내가 사역 했던 교회는 큰 교회였기에 그녀가 누구인지 찾을 길은 희박했다. 그 청년은 처음 본 여자를 진짜 사랑하고, 그 여자를 위해서 죽을 수도 있을 것 같다고 말했다. 나는 황당했지만, 상담자였기에 그 청년을 위로하면서 이렇게 말했다.

"형제님! 형제님의 마음을 이해합니다. 그러나 형제님은 그 자매님이 누군지 모릅니다. 그 자매님이 어떤 여자인지 모릅니다. 단지 그 자매님의 예쁜 외모때문에 자기 감정에 빠져서 사랑한다고 착각하고 있을 뿐입니다. 시간이 지나면 그 감정이 식게 될 것입니다."

얼마 후 저의 예언대로 그 형제는 저에게 찾아

와서 이제는 아무렇지도 않다고 말했다.
"저는 정말 그 자매님을 사랑한다고 생각했어요. 그러나 시간이 지나면서 점점 그 사랑이 줄어들고 있다는 것을 느낄 수 있었습니다."

이 청년의 사랑이 왜 줄어들었을까? 그것은 사랑에 지식이 없었기 때문이다. 감정은 식게 되어 있다. 나에게 상담을 받은 형제님이 교회에서 지나가던 자매를 사랑한 것은 그 자매를 잘 알기 때문에 사랑한 것이 아니고, 100% 사기 삼성으로 이루어진 작각적 사랑이었기에 식을 수밖에 없었던 것이다. 그러나 그 감정에 자매님에 대한 지식과 경험이 더해지면 그 사랑은 열매로 맺혀지고, 머리로도 사랑하는 진짜 사랑이 되는 것이다. 더 나아가 알게 된 만큼 그 사람을 신뢰하고 믿게 되는 것이다. 잘 알고 사랑하는데 믿지 못하고 의심만

"너희가 악한 자라도 좋은 것으로 자식에게 줄 줄 알거든 하물며 하늘에 계신 너희 아버지께서 구하는 자에게 좋은 것으로 주시지 않겠느냐"

동일한 말씀이 누가복음 11장 13절에는 이렇게 나와 있다.

"너희가 악할지라도 좋은 것을 자식에게 줄 줄 알거든 하물며 너희 하늘 아버지께서 구하는 자에게 성령을 주시지 않겠느냐"

이 두 구절을 비교하면 마태복음 7장 11절의 "좋은 것"은 바로 성령이다. 우리가 간절히 구하면 성령님을 만날 수 있다고 예수님께서 약속해 주셨다. 이 약속의 말씀을 간절히 붙들고, 우리 주 예수 그리스도의 하나님, 영광의 하나님 아버지를 통하여 지혜와 계시의 영인 성령 하나님을 찾고 찾으며, 성령 하나님을 통해 하나님의 말씀과 하나님의 뜻을 더 깊게 알아가고, 하나님을 아는 지식이 늘어감에 따라 하나님을 믿는 믿음의 깊이가 깊어지며, 하나님을 사랑하는 사랑의 정도가 짙어지는 놀라운 신앙성숙의 역사가 일어나기를 간절히 소망해본다. 아멘!

Chapter 2

두 번째 바울의 기도

예수님에게까지 자라게 하소서!

"

에베소서 1장 18절

너희 마음의 눈을 밝히사

그의 부르심의 소망이 무엇이며

"

> 너희 마음의 눈을 밝히사
> 그의 부르심의 소망이 무엇이며
> 에베소서 1장 18절

이 구절에는 두 가지 기도의 제목이 나온다. 그 첫 번째는 마음의 눈을 밝혀 달라는 기도이며, 또 한 가지는 부르심의 소망이 무엇인지 알게 해 달라는 기도이다.

"마음의 눈을 밝혀 달라는 기도"는 정말 생전에 한 번도 해 보지 못했을 생소한 기도이다. "마음의 눈"을 밝혀달라는 기도의 전제는 지금 마음의 눈이 어두워져 있다는 말이다.

그럼 "마음의 눈"이 무엇일까? "마음의 눈"은 유대적인 인간이해에 따르면, 내적인 인식의 자리 즉, 속사람을 의미한다. "마음의 눈"은 "육의 눈"과는 대조된다. 마음의 눈이 밝아지면 육의 눈은 어두워지고, 육의 눈이 밝아지면 마음의 눈은 어두워진다. 인간은 타락했을 때 마음의 눈은 어두워지고, 육의 눈이 밝아졌다.

창세기 3장 7절을 보면 재미있는 구절이 나온다.

"이에 그들의 눈이 밝아져 자기들이 벗은 줄을 알고 무화과나무 잎을 엮어 치마로 삼았더라"

이 구절에서 말하고 있는 눈은 마음의 눈이 아닌, 육의 눈이다. 하나님이 하지 말라는 선악과를 따 먹었더니 아담과 하와에게 죄가 들어와 하나님과 교제하던 마음의 눈이 사라지고, 대신에 육의 눈은 밝아졌다. 육의 눈이 밝은 사람은 육체를 위해 좋은 생각만 한다. "무엇을 먹을까? 무엇을 마실까? 무엇을 입을까?" 등등 세상적인 필요에 민감해져 육체의 욕심 속에 빠지게 되고, 육체의 욕심만 추구하며 살아간다. 그래서 예수님께서 마태복음 6장 31~32절에서 이렇게 말씀하셨다.

"그러므로 염려하여 이르기를 무엇을 먹을까, 무엇을 마실까, 무엇을 입을까 하지 말라 이는 다 이방인들이 구하는 것이라 너희 하늘 아버지께서 이 모든 것이 너희에게 있어야 할 줄을 아시느니라"

육체의 욕심은 하나님을 안 믿는 자들이나 구하는 것이라는 지적의 말씀이다. 하나님께서는 육의 것이 우리에게 있어야 하는 줄을 다 알고 계시니까 욕심을 낼 필요가 없다는 말씀이다.

우리의 육신의 필요를 다 하나님께 맡기고 담대히 살 필요가 있다. 육신의 필요는 "하나님께서 알아서 채워주시겠지!"라는 믿음 가운데 마음의 눈에 초점을 두고 살아야 한다.

디모데전서 6장 6절에는

"자족하는 마음이 있으면 경건은 큰 이익이 되느니라"

고 나와 있다. 그리고 빌립보서 4장 13절에는

"내게 능력 주시는 자 안에서 내가 모든 것을 할 수 있느니라"

고 나와 있다. 이 구절은 성공에 대한 확신의 구절이 아닌, 하나님 안에서 내가 모든 것을 참고 견디어 낼 수 있다는 고백이다. 그 앞의 구절을 보면, 바울의 삶의 고백이 나온다.

"내가 궁핍하므로 말하는 것이 아니라 어떠한 형편에든지 내가 자족하기를 배웠노니 내가 비천에 처할 줄도 알고 풍부에 처할 줄도 알아 모든 일 곧 배부름과 배고픔과 풍부와 궁핍에도 처할 줄 아는 일체의 비결을 배웠노라"

(빌립보서 4장 11~12절)

바울은 원래 명문가에서 태어난 사람이다. 그는 가말리엘 문하 즉, 최고의 율법 선생님 밑에서 공부했던 수재였다. 그는 히브리인이었는데도 로마 시민권을 가지고 있었다. 그 당시 로마 시민권은 구하기가 정말 하늘의 별 따기였다. 로마에 살던 로마 혈통의 사람도 시민권을 가지지 못한 사람들이 있을 정도였다. 그런데 로마에 지배받던 히브리 사람인데도 태어날 때부터 로마 시민권을 가지고 있었다는 점에서 그의 집안이 얼마나 대단했는지, 얼마나 부자였는지 알 수 있다. 그런데 바울은 다메섹 도상에서 예수님을 만난 후, 그의 모든 특권을 버리고 최고에서 최하의 밑바닥을 경험했다.

고린도후서 11장 23-27절을 보면, 바울 자신이 예수님 때문에 얼마나 힘든 삶을 겪어 왔는지 알 수 있다.

"내가 수고를 넘치도록 하고 옥에 갇히기도 더 많이 하고 매도 수없이 맞고 여러 번 죽을 뻔하였으니 유대인들에게 사십에서 하나 감한 매를 다섯 번 맞았으며 세 번 태장으로 맞고 한 번 돌로 맞고 세 번 파선하고 일 주야를 깊은 바다에서 지냈으며 여러 번 여행하면서 강의 위험과 강도의 위험과 동족의 위험과 이방인의 위험과 시내의 위험과 광야의 위험과 바다의 위험과 거짓 형제 중의 위험을 당하고 또 수고하며 애쓰고 여러 번 자지 못하고 주리며 목마르고 여러 번 굶고 춥고 헐벗었노라"

이것이 바로 예수님을 만난 이후에 바울의 인생이었다. 그 당시에 사람은 사십 대 맞으면 죽는다고 했다. 그래서 그 당시 법률에서는 사십대 이상을 못 때리게 했다. 바울이 사십에 하나 감한 매를 맞았다는 것은 한 마디로 죽도록 맞았다는 것이다. 죽도록 다섯 번이나 맞았고, 옥에도 많이 갇히고, 매도 수없이 맞아서 여러 번 죽을 뻔했다. 바울은 유대인 내부에서는 유대교를 배신한 배신자라고 핍박받았고, 로마인에게는 로마 황제를 숭배하지 않고 예수를 전한다고 핍박을 받았다.

자기 인생 가운데 최고도 경험하고, 최악도 경험하고, 부함도 경험하고, 가난하고 헐벗고, 죽음 직전의 삶도 경험해 본 결과 어떠한 형편, 어떠한 상황에든지 자족하기를 배웠다는 것이다. 그리고 빌립보서 4장 13절이 이어지는 것이다. 이 구절은 무엇이든 이룰 수 있다는 자신감 넘치는 고백이 아니다. "내게 능력 주시는 하나님 안에서 내가 모든 상황을 견디어 낼 수 있다"는 믿음의 고백이다. 이것이 바로 바울의 자족의 삶이었다. 자족은 인상 쓰면서 억지로 참는 것이 아니라, 기쁨으로 받아들인다는 의미이다. 그러니까 바울은 감옥의 상황도 기쁨으로 받아들일 수 있게 되었다는 것이다.

어떤 기독교인이 돈을 많이 벌 수 있는 자격이 있는가? 그 답은 바로 돈에 초연한 사람이다. 돈에 목적을 두지 않는 사람이다. 돈에 목적을 두고, 돈에 연연하는

마음의 눈을 밝게 해 달라는 기도를 할 때, 우리의 모든 삶을 돌아보면서 예수 그리스도 앞에 철저히 회개해야 한다. 세상에 빠져 세속의 가치로 살아온 나를 철저하게 회개해야 한다. 그리고 하나님을 온전히 믿고, 온전히 따르게 해 달라고 결단의 기도를 해야 한다. 회개기도를 하는 것은 회개의 시작인데 우리는 회개기도가 회개의 전부이고, 그것이 마지막이라고 착각한다. 바른 회개기도는 기도를 통해 회개가 시작되고, 삶의 변화를 통해 회개가 완성되는 것이다. 그래서 회개는 기도와 결단이 있어야 하며, 삶의 변화로 연결되어야 하는 것이다.

두 번째 기도제목은 마음의 눈을 밝혀서 즉, 영적으로 새로워진 눈을 가지고, 그의 부르심의 소망이 무엇인지를 알게 해 달라는 기도이다. 하나님의 부르심은 아무 목적 없이 이루어지는 것이 아니다. 하나님은 우리를 부르실 때 어떤 목적을 염두해 두고 계신다. 그 목적 혹은 소망이 무엇일까?

하나님께서 우리를 부르신 이유는 예수님과 교제해서 예수님과 같이 거룩해지는 것을 원하시기 때문이다. 고린도전서 1장 9절에 다음과 같은 말씀이 나와 있다.

> "너희를 불러 그의 아들 예수 그리스도 우리 주와 더불어 교제하게 하시는 하나님은 미쁘시도다"

고린도전서 1장 2절에는

> "고린도에 있는 하나님의 교회 곧 그리스도 예수 안에서 거룩하여지고 성도라 부르심을 받은 자들과"

라고 나와 있으며, 디모데후서 1장 9절에는

> "하나님이 우리를 구원하사 거룩하신 소명으로 부르심은"

이라고 나와 있다. 데살로니가전서 4장 7절을 보면,

"하나님이 우리를 부르심은 부정하게 하심이 아니요 거룩케 하심이니"

라고 나와 있다.

에베소서 4장 15절의 소망대로 사랑 안에서 참된 것을 하여 범사에 예수님의 모습정도까지 자라가는 성숙, 즉 성화(聖化)의 과정을 걸어가라는 것이 바로 하나님께서 우리를 부르신 목적이자 이유이다. 하나님께서 그렇게도 원하시는 거룩은 우리가 목숨을 걸고 지켜야 하는 것이다. 우리는 레위기 11장 44-45절의 말씀에 귀 기울여야 한다.

"나는 여호와 너희의 하나님이라 내가 거룩하니 너희도 몸을 구별하여 거룩하게 하고 (중략) 나는 너희의 하나님이 되려고 너희를 애굽 땅에서 인도하여 낸 여호와라 내가 거룩하니 너희도 거룩할지어다"

의로운 행위가 아닌 전적인 은혜로, 100% 하나님의 선물인 구원을 받은 사람은 당연히 구원을 주신 분의 뜻대로 사는 것이다. 그것이 바로 의로운 삶이고, 예수님의 인격을 닮은 삶이다.

예를 들어 어떤 사람이 죽을 병에 걸려서 많은 곳을 다녀봤으나 아무도 치료하지 못하고 못 산다고 했는데, 어떤 의사가 그 병을 무료로 치료해 주었고 게다가 병도 깨끗히 나음을 입었다면 그 사람은 그 의사에게 어떻게 해야 할까?

그 사람은 의사 말을 다 들을 것이다. 그 의사가 먹으라는 음식만 먹을 것이고, 먹지 말라는 음식은 절대로 안 먹을 것이다. 또 하라는 것만 할 것이다. 마찬가지로 우리는 죄라는 죽을 병에서 살려주신 예수님을 생각하고, 당연히 예수님이 하라는 대로 하며 살아야 한다.

지금 이 시대는 거룩을 상실한 시대이다. 경건하게 살기가 참으로 어려운 시대이다. 디모데후서 3장 12절의 말씀처럼 그리스도 예수 안에서 경건하게 살고자 하는 사람이 고난을 받는 시대이다. 특히 몸의 욕망에 가장 민감한 젊은이들은 거룩하게 살아가기가 정말 힘든 시대이다. 인터넷에 들어가면 수많은 성인물들이 우리를 유혹한다. 밖에 나가면 술집과 유흥업소들이 넘쳐난다. 성적인 유혹이 우리의 심령을 혼돈케 한다. 거룩하게 살기 힘든 이 시대에 하나님은 우리를 거룩하라고 성도로 부르셨다.

디모데후서 3장 1~5절을 보면, 말세의 현상이 언급된다. 그 마지막 현상에 이것이 나온다.

"쾌락을 사랑하기를 하나님 사랑하는 것보다 더하며 경건의 모양은 있으나 경건의 능력은 부인하니"

육적인 쾌락을 사랑하기를 하나님 사랑하는 것보다

더하고, 겉만 경건한 척하는 모습이 우리의 모습은 아닌지 진심으로 돌아보아야 한다.

우리는 고린도전서 3장 16~17절의 말씀을 붙들어야 한다.

"너희는 너희가 하나님의 성전인 것과 하나님의 성령이 너희 안에 계시는 것을 알지 못하느냐 누구든지 하나님의 성전을 더럽히면 하나님이 그 사람을 멸하시리라 하나님의 성전은 거룩하니 너희도 그러하니라"

말씀에 따르면 우리의 몸이 하나님의 성전인 것이다. 왜 그럴까? 그것은 우리 안에 하나님이 계시기 때문이다. 그래서 우리가 죄 가운데 빠져 우리의 몸을 더럽히면 우리 안에 계신 하나님을 멸시하는 것이 된다. 이것은 하나님 앞에 크나큰 죄일 수밖에 없는 것이다.

점점 더 어지러워져 가는 이 시대에 우리는 간절히 기도해야 한다. 하나님께서 나를 부르신 목적이 예수님을 닮아가라는 것임을 깨닫고, 실제 삶에서 예수님 닮은 모습으로 거룩히 살아가게 해 달라고 말이다. 예수님께서는 산상수훈에서 우리에게 세상의 소금과 빛이 될 것을 권고하고 계신다. 우리는 소금과 빛의 인생이 되어 세상을 정화하는 거룩의 사명자들이 되어야 하는 것이다.

"너희는 세상의 소금이니 소금이 만일 그 맛을 잃으면 무엇으로 짜게 하리요 후에는 아무 쓸 데 없어 다만 밖에 버려져 사람에게 밟힐 뿐이니라 너희는 세상의 빛이라 산 위에 있는 동네가 숨겨지지 못할 것이요 사람이 등불을 켜서 말 아래에 두지 아니하고 등경 위에 두나니 이러므로 집안 모든 사람에게 비치느니라 이같이 너희 빛이 사람 앞에 비치게 하여 그들로 너희 착한 행실을 보고 하늘에 계신 너희 아버지께 영광을 돌리게 하라" (마 5:13~16)

Chapter 3

세 번째 바울의 기도

하나님의 영광을 맛보게 하소서!

"

에베소서 1장 18절

성도 안에서

그 기업의 영광의 풍성함이 무엇이며

"

성도 안에서
그 기업의 영광의 풍성함이 무엇이며
에베소서 1장 18절

예수님께서는 마태복음 6장 20절에서

"오직 너희를 위하여 보물을 하늘에 쌓아 두라 거기는 좀이나 동록이 해하지 못하며 도적이 구멍을 뚫지도 못하고 도둑질도 못하느니라"

고 말씀하신다.

그리고 마태복음 5장 11~12절에는 다음과 같이 말

씀하신다.

"나로 말미암아 너희를 욕하고 박해하고 거짓으로 너희를 거슬러 모든 악한 말을 할 때에는 너희에게 복이 있나니 기뻐하고 즐거워하라 하늘에서 너희의 상이 큼이라"

예수님께서는 보물, 상에 대해 언급하신다. 그러나 여기서 말하고 있는 보물, 상은 이 세상에서 받는 보상이 아니다. 하늘나라에서 받을 보상이다. 우리 기독교인은 땅의 복, 세상적인 상을 추구하는 사람이 아니다. 우리는 하늘나라의 소망, 하늘나라에서 하나님께서 주실 영광과 복, 상을 기대하는 사람들이다.

이 세상에서 하나님 잘 믿고, 하나님을 위해 충성을 다하는데도 경제적인 어려움을 당하며, 육체의 연약함에 시달리는 모습을 어떻게 해석하겠는가? 이런 사람들은 이 세상에서 물질적인 보상도, 세상적인 건강의 복도 못 받았기에 저주를 받은 사람들인가? 절대 그렇지 않다. 만약에 그렇다고 말한다면, 초대교회 시대 신앙의 절개를 지키기 위해 로마황제신상에 절하지 않아서 시장에서 먹을 것을 사지 못해 굶주리고, 경제적 어려움을 겪으며, 힘들게 신앙을 지키며 살아가다가 순교의 길을 걸어간 수많은 신앙의 선배들은 저주받은 인생이라고 볼 수밖에 없다.

이탈리아 로마에 가면 카타콤이라고 있다. 이것은 무덤이다. 초대교회 시대 로마는 기독교를 받아들이는 나라가 아니었기에 기독교인들을 잡아 가두고, 죽였다. 그래서 신앙의 자유를 찾아 들어온 곳이 바로 무덤 속이었다. 무덤 속에 지하동굴을 파서 거기서 살았다. 무려 삼백년 동안 거기서 신앙생활을 하며 살았다는 것이다. 삼년이 아니라 삼백년이다. 삼백년이면 십대이다. 할아버지, 아들, 손자의 손자까지 하나님께 예배하고 하나님을 섬기기 위해 거기서 살다가 이름도 없이 죽었다는 것이다. 1854년 지오반니 로시라는 사람에 의해 이 카타콤이 발굴되었는데, 그 안에 무려 시신 600만구가 발견되었다. 카타콤에 들어가지 않은 성도들은 잡혀서 불에 태워지는 화형에 처해지거나 사자 밥이 되었지만, 카타콤에 있던 사람들은 웃고 찬송하면서 순교의 제단에 피를 뿌렸다. 우리의 신앙 선배들의 삶은 실패한 것인가? 신약 성경의 반 이상을 쓴 바울의 일생 또한 객관적으로 볼 때 세상적인 복과는 상관없는 비참한 인생이다.

우리가 믿는 예수님은 이 세상에서 어떻게 사셨나? 머리 둘 곳 없이 힘들게 사시다가 결국 십자가의 제물이 되시지 않았는가!

믿지 않는 자나 세상적인 복의 관점에만 사로잡힌 사람이 보면 이같은 인생은 실패한 인생일 것이다. 그래서 사도 바울은 고린도전서 15장 19절에서 다음과 같은 실존적인 고백을 한다.

"만일 그리스도 안에서 우리의 바라는 것이 다만 이 세상의 삶뿐이면 모든 사람 가운데 우리가 더욱 불쌍한 자이리라"

물론 이 땅에서도 평안하고, 건강하게 잘 사는 것도 중요하고 관심을 두어야 한다. 하지만, 하늘의 상을 기대하며 하나님의 뜻대로 사는 것은 훨씬 더, 아니 비교할 수 없을 정도로 가장 중요하다. 우리는 하늘나라에 보물을 쌓아야 한다. 하늘나라에서 받을 상을 위해 살아야 한다. 그러나 중요한 것은 이 하늘의 상을 세속적인 관점으로 생각하면 안 된다는 것이다. 하늘의 상을 세속적인 관점에서 설교하고 가르치면 다시 기복주의에 빠지게 되는 오류가 발생하게 되는 것이다. 하늘의 상은 이 땅에서처럼 돈이 많이 생기고, 땅을 많이 소유하는 부자가 되는 상도 아니고, 우리가 이 세상에서 원하는 육체가 건강해서 오래 사는 상도 아니다. 천국에서는 물질적인 복과 육체적인 건강이 필요하지 않다는 것은 상식적으로도 알지 않은가! 우리 믿는 자들조차도 이 세속적인 복에 얽매여서 천국의 상에 대해 기대하라고 했을 때, 자연스럽게 혹은 무의식적으로 그 상을 세속적인 필요들로 생각하고 기대하고 있다.

그러나 하늘에서의 복과 상은 철저하게 하나님과 관계되어 있다. 하나님의 은혜를 마음껏 누리는 것, 하나님을 통해 충만하게 임하는 신비스러운 복, 참된 기쁨과 환희 속에 영광을 얻는 영적인 상일 것이다. 이제부터는 하늘 상에 대해 기대할 때, 그 상의 내용도 깊이 있게 묵상하고 깨닫는 진정한 크리스찬들이 되었으면 한다.

이번 장의 본문에서 나온 "성도들"은 이 세상에 있는 하나님 믿는 사람들을 의미하기보다는 이미 하늘나라에 가서 하나님의 상을 받아 누리는 성도들을 의미한다고 보여진다. 구약성서는 하늘의 하나님 주변에 수많은 성도들이 있다고 언급한다. 신명기 33장 2~3절과 시편 89편 5, 7절, 다니엘서 8장 13절을 보면 확인할 수 있다.[1)] 우리보다 먼저 이 세상에서 하나님을 위해 충성을 다하다 간 성도들, 예수님의 복음을 위해

1) 조경철 『설교자를 위한 에베소서 주석』(서울: 한국기독교연구소, 2004), p. 75.

헌신하다 간 성도들이다. 기업은 문자적 의미로 땅을 뜻하는데, 하나님께서 주시는 영적인 풍요함을 상징한다고 볼 수 있다. 바울은 하늘의 상이 얼마나 크고 귀한지를 깨달아 알았던 사람이었다. 이 세상에서는 못 먹고, 헐벗고, 굶주리고, 고통을 받아도 죽음 이후의 영원한 삶에서 맛볼 진정한 상, 영적인 복, 참된 영광을 깨달았기 때문에 이 세상에서의 받는 고통은 아무것도 아니었다. 자신이 깨달은 것처럼 에베소 교인들도 하늘나라의 진정한 상과 은혜가 얼마나 큰지를 좀 깨달아 알았으면 좋겠다는 간절한 소망을 가지고 하나님께 중보의 기도를 드린 것이다.

우리도 마찬가지다. 바울을 포함한 우리의 신앙의 선배들이 이 세상에서 하나님을 위해 열심히 살다가 하늘나라에 가서 하나님의 보상을 받고 행복하게 살고 있는 것을 실제적으로 깨달아 안다면, 우리도 이 세상에서 신앙의 선배들을 본받아서 열심히 주님 나라의 확장을 위해서 충성을 다하며 살 수 있을 것이다.

우리의 신앙의 선배이자, 모델인 바울은 이 세상에서 왜 그렇게 힘들게, 고통스럽게 살았는가? 바로 이 하늘나라의 영원한 복, 영적인 기업을 위해서였다. 빌립보서 3장 14절에 다음과 같이 바울은 고백한다.

"푯대를 향하여 그리스도 예수 안에서 하나님이 위에서 부르신 부름의 상을 위하여 달려가노라"

빌립보서 3장 20절에는 또 이렇게 나와 있다.

"그러나 우리의 시민권은 하늘에 있는지라 거기로부터 구원하는 자 곧 주 예수 그리스도를 기다리노니"

고린도전서 9장 24절에는 자신을 운동선수에 비유하면서 다음과 같이 우리들에게 권면한다.

"운동장에서 달음질하는 자들이 다 달릴지라도 오직 상을 받는 사람은 한 사람인 줄을 너희가 알지 못하느냐 너희도 상을 받도록 이와 같이 달음질하라"

예수님도 이 세상에서 왜 그렇게 힘들게 사셨는가? 우리 인간의 측면에서 보면, 우리의 죄를 사하시기 위한 목적도 있으셨으나, 예수님 자신의 측면에서 보면 하늘의 영광을 위해서였다. 히브리서 12장 2절에 다음과 같이 나와 있다.

"믿음의 주요 또 온전케 하시는 이인 예수를 바라보자 그는 그 앞에 있는 기쁨을 위하여 십자가를 참으사 부끄러움을 개의치 아니하시더니 하나님 보좌 우편에 앉으셨느니라"

이제 눈을 들어 하늘을 볼 때가 왔다. 땅에 것, 땅의 축복에 얽매이지 말고, 하늘나라의 상급, 하늘나라의 기업을 기대하며, 하나님의 영광을 위해, 예수 그리스도의 복음을 위해 충성을 다해야 한다.

하늘의 상급과 은혜를 풍부히 받기 위해서는 바울과 같이 믿지 않는 자들에게 예수 그리스도의 복음을 전해야 한다. 디모데후서 4장 2절에서 바울은 디모데에게 다음과 같이 권면한다.

"너는 말씀을 전파하라 때를 얻든지 못 얻든지 항상 힘쓰라"

우리는 예수님의 심장을 가지고 있는 자들이다. 때를 얻든지, 못 얻든지 즉, 시간적 조건과 관계없이 항상 예수님의 말씀과 복음을 전해야 한다.

"예수님을 전해야 하는데, 내 친구가 요즘 너무 바쁘네... 예수님을 전해야 하는데, 내 남편이 요즘 스트레스가 많네... 다음에 하자."

이렇게 시간적 타이밍과 조건을 따지면 전도는 절대 못한다. 때를 얻든지 못 얻든지 항상 예수님의 복음을 전하는 자가 되겠노라는 결심과 의지가 있어야 마태복음 28장 19~20절에 나온 예수님의 지상명령을 지킬 수 있다.

"그러므로 너희는 가서 모든 민족을 제자로 삼아 아버지와 아들과 성령의 이름으로 세례를 베풀고 내가 너희에게 분부한 모든 것을 가르쳐 지키게 하라 볼지어다 내가 세상 끝날까지 너희와 항상 함께 있으리라 하시니라"

나는 한가지 전도의 습관이 있다. 그것은 고속도로 톨게이트에서 요금을 낼 때 직원에게 전도를 하는 것이다.

나는 지방을 많이 다녔기 때문에 고속도로를 자주 다니게 되었는데 처음엔 톨게이트 직원분에게 전도하려고 할 때는 입이 잘 안 떨어져 여자 직원 얼굴만 쳐다보다가 그 분이 자신에게 관심 있어하는 줄 알고 나를 이상하게 쳐다본 적도 있었다. 그러다가 점점 자신감이 붙어 전도를 하게 되었고, 톨게이트 전도를 통해 영적인 큰 힘을 얻었다.
가끔 내가 전도하는 것을 듣고,
"아멘" 혹은 "저도 교회 다녀요. 감사합니다."
라고 답변해 주시는 것을 들을 때는 팔짝팔짝 뛰고 싶을 정도로 기뻤다. 생활 속에서 작은 실천을 통해서 복음을 전하는 자가 되어야 한다.
그러면 하늘의 상급이 클 것이다.

또 하나, 하늘의 상급과 은혜를 풍부히 받기 위해서는 희생을 각오해야 한다. 하나님의 뜻을 따라 이 세상에서 살면, 하나님께서 좋아하시기 때문에 하늘의 상급을 저축하는 모습이다. 그러나 이 세상에서 하나님의 뜻을 따라 살기는 쉽지 않다. 개인적인 희생과 손해를 감수할 수 있어야 한다. 초대교회 때는 하나님의 뜻에 따라 살기 위해 목숨을 바쳐야 했지만, 우리나라에서는 목숨을 바칠 정도의 희생은 따르지 않는다. 그러나 우리가 살아가면서 느끼는 희생과 손해는 반드시 있다. 예를 들어, 이 세상에 살면서 하나님께서 기뻐하시는 정직을 실천하면 큰 손해가 있다. 정직하게 세금을 내고, 정직한 방법으로 사업을 하면 세상적으로 큰 손해가 있는 것처럼 보일수 있다. 그러나 반드시 기억해야 한다. 그것은 손해가 아니라고 말이다. 정직은 가장 큰 힘이자 무기이다. 지금은 손해이고 희생이라고 생각해도 그것은 보물을 하늘에 쌓아두는 노력이다. 우리가 정직할수록 하나님은 기뻐하신다는 것을 믿고, 흔들리지 말고 하나님께서 기뻐하시는 삶을 살기 위해 힘쓰는 자들이 되어야 한다.

"우리가 선을 행하되 낙심하지 말지니 포기하지 아니하면 때가 이르매 거두리라(갈라디아서 6장 9절)"

하나님께서 기뻐하시는 선을 실천하고, 또 실천해야 한다. 포기하지 말아야 한다. 때가 이르면 거둘 것이다. 이 세상에서 못 거두면, 하늘나라에 가서 거둘 것이다.

이 세상에서의 행복과 만족, 세상적인 복의 유통기한은 잠시 잠깐이지만, 하늘나라에서의 진정한 상급과 영적인 복의 유통기한은 영원, 즉 유통기한이 없다는 것을 잊지 말고 살아야 한다.

신앙의 어려운 실천인 십일조도 마찬가지이다. 십일조는 손해가 아니다. 인간적으로, 세상적으로 생각하면 손해이다. 당장 내 지갑에서 돈이 나가니까 말이다. 그러나 그것은 손해가 아니다. 우리가 손해라고 생각하는 것은 우리의 시야가 이 70~80 인생에서 머물러 있기 때문이다. 시야를 넓혀서 영원이라는 관점에서 보면, 그것은 손해가 아닌 하늘나라의 보물창고에 쌓아두는 귀한 노력이다.

어려운 사람을 돕는 것도, 당장 내 지갑에 돈이 나가는 것이기에 손해라고 생각하지만, 절대로 손해가 아니다. 영원한 복을 저축하는 지혜로운 모습이다. 물론 나의 모든 것은 처음부터 내 것이 아닌 하나님께서 내게 거저주신 것이지만…….

이런 관점에서 보면 하나님 말씀을 지키는 것, 하나님 뜻대로 사는 것이 절대로 손해가 아니다. 빨리 시야를 넓혀야 한다. 이생의 삶이 끝이라는 생각이 은연 중에, 무의식 중에 우리 믿는 자들 생각 속에 자리잡고 있다. 당연히 이생의 삶이 전부라면, 우리는 손해와 희생을 보는 사람이 맞다. 그러나 절대로 그렇지 않다. 이 세상 후의 영원한 삶에서의 영원한 복이 있기에 우리는 손해와 희생을 보는 사람이 아니다. 단지 70~80 인생을 떵떵거리며, 풍요함 속에 살고 싶은가? 아니면 영원의 인생 속에서 하나님과 동행하며 이생에서의 물질적, 세상적 복과는 비교도 안 되는 크고 귀한 은혜를 받으며 살고 싶은가? 답은 뻔한 것이다. 그런데도 하나님의 상급을 위해 목숨 걸며 충성을 다하지 못하는 이유는 영원한 세계에 대한 믿음이 부족한 것이 아니고 무엇이겠는가?

바울은 세상적인 복, 세상적인 만족을 뿌리치며 주의 복음을 위해 충성을 다할 수 있는 것은 그가 영원한 세계의 상급이 얼마나 놀랍고 귀한지에 대한 통찰과 깨달음을 가지고 있었기 때문이다.

이 세상에서 인간이 만든 최고의 명품 자동차, 최고의 집을 가졌다고 생각해보자. 얼마나 기쁘겠는가? 얼마나 행복하겠는가? 그러나 이것은 인간이 만든 것이다. 인간이 만든 것도 우리에게 엄청난 행복과 기쁨을 주는데, 하물며 하나님께서 만드신 집인 하늘나라에서 누리는 기쁨과 행복은 얼마나 크겠는가? 이 기쁨과 행복은 세상적인 것이 아니다. 우리가 상상할 수 없는 하나님으로부터 받는 참된 기쁨과 행복이다. 바울은 이 하늘나라의 영광으로 인한 기쁨과 행복의 크기를 이 세상에서 조금이라도 깨닫고 있었던 사람이다. 그래서 우리에게도 바울과 같은 깨달음, 그 은혜와 영광과 상급이 얼마나 크고 놀라운지를 깨달아, 이 세상 속에서 주님을 위해 죽도록 충성하고, 주님께서 기뻐하시는 일에 목숨을 걸고, 화끈하게 주님을 믿게 해 달라는 간절한 기도가 필요한 것이다. 이 깨달음과 통찰을 가진 사람은 살아가는 과정 가운데서 좀 어려운 일이 다가와도, 좀 억울한 일을 당해도, 좀 화나는 일을 당해도 능히 이겨낼 수 있는 초연의 능력을 가지게 되는 것이다. 이것을 위해 우리 다같이 뜨겁게 기도하자!

Chapter 4

네 번째 바울의 기도

하나님의 능력을 깨닫게 하소서!

“

에베소서 1장 19절

그의 힘의 위력으로 역사하심을 따라

믿는 우리에게

베푸신 능력의 지극히 크심이 어떠한 것을

너희로 알게 하시기를 구하노라

”

그의 힘의 위력으로 역사하심을 따라
믿는 우리에게
베푸신 능력의 지극히 크심이 어떠한 것을
너희로 알게 하시기를 구하노라.
그의 능력이 그리스도 안에서 역사하사
죽은 자들 가운데서 다시 살리시고,
하늘에서 자기의 오른편에 앉히사
모든 통치와 권세와 능력과 주권과
이 세상 뿐 아니라 오는 세상에 일컫는
모든 이름 위에 뛰어나게 하시고,
또 만물을 그의 발 아래에 복종하게 하시고
그를 만물 위에 교회의 머리로 삼으셨느니라.
교회는 그의 몸이니
만물 안에서 만물을 충만하게 하시는 이의
충만함이니라

에베소서 1장 19~23절

우리는 살아가면서 힘든 과정을 겪는다. 그 힘든 과정 중에서는 하나님께 원망도 하고. 불평도 한다. 고난의 문제를 견디기에 너무나 힘들어서 하나님께 한탄조의 기도를 드린다. 하나님이 어디 계시냐고 반항에 찬 울부짖음을 내뱉기도 한다. 그러다가 시간이 흘러 그 고난의 터널을 지나고 나면 그때야 늦은 깨달음이 온다.

"아! 하나님께서 이 고난의 터널을 지나가게 하셨구나!"

"아! 하나님의 능력과 은혜 때문에 내가 이렇게 살아있구나!"

"아! 나에게는 이 고난이 꼭 필요하기에 하나님께서 시련과 아픔을 주셨구나!"

늦은 깨달음이다. 인간은 참으로 나약한 것 같다. 힘들고 어려울 때도 변함없이 하나님을 향한 신실한 모습을 보이면 정말 좋으련만, 우리 인간은 나약해서, 그 고난의 과정 속에서는 하나님을 원망하고 불평한다.

내 인생에서 정말 힘들었던 때는 장교 훈련소에서 훈련을 받을 때였다. 나는 훈련 초반에 불량 전투화로 말미암아 양쪽 발뒤꿈치를 크게 다쳐서 훈련을 더 이상 받지 못할 상황에 처했다. 장교임관도 못할 수 있었던 힘든 상황이다. 그 때 나는 밤마다 울면서 기도했다. 육체적 고통 때문에 힘든 것이 아니고 정신적인 고통 때문에 힘들었다.

"이 발로 어떻게 훈련을 받지?"

"다른 사람들은 나를 어떻게 볼까.."

하는 생각으로 괴로워했다. 그리고 너무 힘들어서 하나님께 불평했다.

"하나님, 왜 하필 나입니까? 어쩌다 한 번 있는 불량 전투화가 왜 하필 내 전투화였습니까? 왜 저를 고통 가운데 있게 하십니까?"

남들보다 1시간 일찍 일어나서 소독하고, 붕대로 감고, 또 저녁마다 훈련소 병원에서 치료를 받으면서 나는 속으로 정말 많이 울었다. 그 때는 그 고난이 왜 나에게 필요한지 정말 알 수가 없었다. 그런 고난 가운데서도 하나님께서 강력한 능력과 정신력을 나에게 허락해주셔서 열외 없이 모든 훈련을 다 마쳤고, 장교로 임관할 수 있었다. 나를 훈련시킨 장교들은 경이적인 눈으로 보며, 나에게 이러한 칭찬을 던졌다.
"자네의 정신력은 참으로 대단하다. 자네는 뭐든지 할 수 있는 사람이야!"

고난의 터널을 지나 지금 와서 보면, 그 고난이 얼마나 큰 축복이었는지를 깨닫게 된다. 하나님의 크신 능력과 은혜로 말미암아 그 고난을 지나왔음을 믿음으로 고백하게 된다. 하나님의 능력으로 모든 훈련을 마쳤고, 하나님의 은혜로 그 고난의 의미를 깨닫게 되었다. 하나님은 고난을 통해 내 안에 있는 강인한 정신력을 깨워주셨고, 고난을 통해 내게 아픈 병사들을 위로할 수 있는 마음을 주셨다. 고난을 통해 훈련소 병원의 의무병들에게 따스한 사랑을 전해줄 수 있었다. 이제는 그 고난의 때에 하나님께서 얼마나 큰 은혜와 능력으로 나를 채워주셨는지를 깨달을 수 있게 되었다.

고난이 끝난 뒤가 아닌, 고난의 과정에서 하나님의 능력과 은혜를 깨닫는다면 얼마나 큰 신앙과 믿음이겠는가? 이것이 우리의 목표가 되어야 한다.

이번 장의 본문에서 바울은 에베소 교인들에게 베풀어 주신 하나님의 능력과 은혜가 얼마나 큰지에 대해 깨달을 수 있게 해 달라고 하나님께 기도한다.

그럼, 어떻게 하면 하나님의 능력과 은혜가 얼마나 큰지를 깨달을 수 있을까?

첫째, 우리의 삶의 과정 과정을 돌아보면 깨닫게 된다.

우리가 태어나서 여기까지 살아오게 된 것, 학교에 다니게 된 것, 직장에 들어가게 된 것, 결혼하게 하신 것, 어려움 중에서도 이겨낼 수 있게 하신 것은 모든 삶의 과정 과정마다 하나님께서 여러분과 함께 하셨고, 하나님의 크신 능력과 은혜로서 인도하셨기 때문이다.

'thank'와 'think'는 같은 어원을 가지고 있다고 한다. 감사하기 위한 전제는 생각하는 것이다. 무엇을 생각하는 것인가 하면, 우리가 지나왔던 삶을 돌아보면서 하나님께서 은혜로 주신 것들을 생각하는 것이다. 그러면 자연스럽게 우리의 마음에서, 우리의 입술에서 나오는 반응은 감사이다.

나는 일기를 쓰는 것을 좋아한다. 왜냐하면 일기는 돌아갈 수 없는 지나간 과거를 다시금 돌아가게 해 주는 타임머신과 같은 기능을 해 주기 때문이다.

예전의 일기를 보면, 그 일기를 썼을 때의 기분, 감정상태로 돌아가게 된다. 나는 가끔 일기를 보면서 하나님께서 제 인생을 책임지시고, 인도해 주신다는 것을 깨닫게 된다. 그래서 가끔 일기를 보며 감사의 눈물을 흘리기도 한다.

내가 여기까지 오게 된 것은 전적인 하나님의 은혜요, 능력이다. 나는 목사가 될 사람도 아니고, 목사 될 자격도 없는 부족한 사람이다. 그 인간을 하나님께서 만나주시고, 하나님께서 모든 어려운 과정 속에서도 지켜 주시고, 인도해주시고, 길을 열어주셨기에 내가 지금 목사로서 서 있을 수 있는 것이다.

우리 모두 마찬가지이다. 하나님의 자녀는 하나님

께서 책임지시고 인도하시고 지켜 보호하신다. 그렇기 때문에 하나님의 자녀들의 인생은 항상 '선'으로 진행된다. 지금은 고난 속에 있고, 어려움 속에 있고, 비참한 인생 같아 보일지라도, 그것은 선으로 가는 과정임을 잊지 말아야 한다. 하나님께서 인도하신다.

"우리가 알거니와 하나님을 사랑하는 자 곧 그의 뜻대로 부르심을 입은 자들에게는 모든 것이 합력하여 선을 이루느니라" (로마서 8장 28절)

둘째, 예수님을 깊이 있게 묵상하면 깨닫게 된다.

또 하나 깊이 생각해야 할 것은 바로 우리의 구원받음에 대한 것이다. 지금 교회에서 예배드리는 것이 당연하다고 생각하는가? 죽으면 확실히 천국에 간다고 생각하는가? 우리가 잘 나서, 우리가 똑똑하고, 착해서 구원받았는가? 우리는 너무나 쉽게 구원을 생각한다. 구원을 객관적으로 생각하면 쉬운 것이 아니라, 모든 것을 다 주고 사도 아깝지 않은 최고의 가치 있는 축복이다. 왜냐하면 구원은 영원한 생명을 받는 것이기 때문이다. 만약에 의사가 인생 1년을 더 살게 해 준다면, 수십억을 가져다 바칠 사람들이 얼마나 많겠는가? 인생 1년도 귀한데, 우리의 인생을 영원으로 연장시켜 주신다는데 모든 것을 바치지 않겠는가? 이렇게 귀하고 귀한 것이 바로 구원이다. 그 구원을 우리가 공짜 선물로 받은 것이다. 할렐루야!

우리는 가끔 그 구원의 가치를 잊고 살 때가 많다. 그 감격을 놓치고 살 때가 많다. 구원받음이 당연하다고 쉽게 생각할 때가 너무나 많다. 우리가 구원받을 만한 존재인지를 계속 생각해 보자. 우리는 잘 한 게 정말 없다. 한 거라고는 하나님이 하지 말라고 하신 죄밖에 없다. 우리는 구원받을 수 없는 존재인데, 구원과는 거리가 멀게 죄만 짓고 살아오고 있는 존재인데, 그럼에도 불구하고 우리는 구원을 받은 것이다. 전적인 하나님의 은혜와 능력과 축복으로 말미암아서이다.

"너희는 그 은혜에 의하여 믿음으로 말미암아 구원을 받았으니 이것은 너희에게서 난 것이 아니요 하나님의 선물이라" (에베소서 2장 8절)

무조건적인 선물이 바로 구원인 것이다. 우리는 구원받을 자격이 없는데, 구원받을 수 있는 귀한 자격을 주신 것이다.

기독교 용어 중에 '칭의'라는 개념이 있다. "의롭다고 칭한다"는 의미이다. 우리의 존재는 의롭지 못한데, 하나님께서 의롭다고 칭해 주신 것이다. 하나님 측에서 선포하신 것이다.

"너는 의롭지 못한데, 내가 의롭다고 인정해주고, 칭해줄께."

무엇이 이것을 가능하게 했는가? 바로 예수님 때문이다.

하나님께서 예수님을 보내셔서 그분이 우리 죄를 위해서 십자가에 못 박혀 돌아가셨기에, 또 하나님께서 예수님을 죽음 가운데서 부활시키셨기에, 그리고 승천하셔서 하나님의 오른편에 앉게 하사, 모든 만물 위에 계셔서 만물, 만유의 주님으로 삼으셨기에, 또한 이 땅에 교회를 세우셔서 예수님을 교회의 머리로 삼으셨기에, 우리가 그 예수님으로 말미암아 구원을 받고, 교회에 다니고, 천국 소망을 가지게 된 것이다. 이것이 바로 예수님을 통해 역사하신 하나님의 크신 능력이다. 그 구절이 바로 에베소서 1장 20~23절에 나온다.

"그의 능력이 그리스도 안에서 역사하사 죽은 자들 가운데서 다시 살리시고 하늘에서 자기의 오른편에 앉히사 모든 통치와 권세와 능력과 주권과 이 세상 뿐 아니라 오는 세상에 일컫는 모든 이름 위에 뛰어나게 하시고 또 만물을 그의 발 아래에 복종하게 하시고 그를 만물 위에 교회의 머리로 삼으셨느니라 교회는 그의 몸이니 만물 안에서 만물을 충만하게 하시는 이의 충만함이니라"

어떤 사람이 5성급의 멋진 호텔에 알몸 차림이거나 아주 누추한 차림으로 간다면 들어갈 수 없을 것이다. 제 아무리 국회의원이라도, 대기업 회장이라도 못 들어가게 직원들이 막아설 것이다. 그러나 멋진 양복을 입었다면 누구든지 들어갈 수 있다. 우리의 존재도 마찬가지이다. 우리의 몸은 죄 그 자체이다. 그 몸으로는 거룩한 하나님 나라에 들어갈 수 없다. 그러나 깨끗한 예수님 양복을 입으면 우리의 죄된 몸이 예수님 양복 때문에 가리워져서 예수님 양복 때문에 멋진 호텔에 들어가는 것 같이 하나님의 나라에 들어가게 되는 것이다.

예수님께서 우리 안에서 '하나님의 의', '하나님의 거룩'이 되셨기에 우리는 예수님 때문에 구원받고, 하나님 나라에 들어갈 수 있게 되는 것이다. 고린도후서 5장 21절은 우리에게 말씀하고 계신다.

"하나님이 죄를 알지도 못하신 이를 우리를 대신하여 죄로 삼으신 것은 우리로 하여금 그 안에서 하나님의 의가 되게 하려 하심이라"

예전에 서해 바다에 기름유출사건이 있었을 때, 해안에 밀려온 기름띠를 제거하려고 많은 분들이 봉사활동을 하러 갔다. 그 때, 봉사자들이 가지고 간 것은 하얀 흡착지였다. 그 흡착지로 기름에 오염된 해안가의 돌들을 하나하나 닦았다. 그렇게 힘껏 닦으면, 시커먼 돌은 깨끗해지고 대신에 시커먼 기름띠는 흡착지에 스며들게 되어 하얀 흡착지는 섬게 변하게 된다.

예수님은 하나님께서 보내신 하얀 흡착지였다. 우리는 기름띠에 오염된 시커먼 돌들이다. 시커먼 기름띠가 흡착지에 묻어 돌이 깨끗해지는 것처럼, 예수님의 사역으로 말미암아 우리의 시커먼 죄가 예수님에게 옮겨지고, 우리는 깨끗하게 된 것이다. 그럼으로 우리는 의롭게 되어진 것이다.

예수님을 깊이 있게 묵상하면, 하나님의 능력과 은혜의 크심을 깨닫게 된다. 예수님을 깊이 묵상한다는 것은

첫째, 우리의 죄 때문에 죽으시고, 그 죽음에서 다시 살아나신 부활을 받아들이는 것이다.

둘째, 하늘에 오르사 하나님 보좌 우편에 앉으사 모든 만물의 주인이 되심을 인정하는 것이다.

셋째, 예수님으로 인해 교회가 세워졌고, 예수님께서 교회의 머리되심을 깨닫는 것이다.

단순히 머리로 아는 것이 아니라, 우리의 전인격으로 깨달아야 감격 속에 살 수 있다. 그래야 행복하다.

1953년 한국전쟁 때, 정말 가난한 시절에 무명의 화가가 있었다. 그는 물감이 없어서 미군 부대의 한 병사에게 물감 좀 구해달라고 사정을 했고 그 미군 병사의 도움으로 화가는 물감을 받아서 그림을 그릴 수 있었다. 그 병사가 너무 고마워서 이 화가는 멋진 그림 하나를 그려서 선물로 주었다.

얼마 후 그 미군 병사는 자신의 고향인 미국으로 돌아갔다. 이 병사는 존 닉스라는 사람인데, 미국에서 하는 일이 잘 되지 않아 찢어지게 가난하게 되었다. 먹고 살 것이 없으니까 집에 있는 물건을 팔고자 했다. 웬만한 것을 팔아도 돈이 되지 않았다. 그러다가 자기 집에 별 의미 없이 걸어놓은 그림 하나가 눈에 들어왔다. 몇 십 년 전에 한국에서 근무할 때 한 무명화가에게 받아온 그림이었다. 그는 몇 푼이라도 벌어볼 생각으로 그 그림을 한국경매시장에 내어 놓았다. 그러나 그 그림은 평범한 그림이 아니었다. 이 그림은 한국에서 얼마에 낙찰되었을까? 무려 45억 2천만원에 낙찰되었다.
이 그림은 "빨래터"라는 작품이고, 그 무명화가는 한국미술사에 큰 획을 그었던 박수근 화백이었던 것이다.

45억 2천만원과도 비교할 수 없는, 돈으로 가치를 매길 수 없는, 예수 그리스도를 통해 우리를 구원하신 하나님의 능력과 은혜의 가치와 감격을 잊고 살지는 않았는지 우리 자신을 돌아보아야 한다.

예수 그리스도로 말미암아 구원 받았다는 믿음은 죽을 때에만 필요한 보험이 아니다. 현실에서 계속적으로 누릴 수 있는 하루하루의 선물이다. 구원에 대한 확신과 믿음을 현실에서 누려야 한다. 이 믿음으로 어려운 현실을 뚫어내야 한다. 안타까운 것은 구원에 대한 우리의 믿음이 현실을 뚫어내지 못한다는 것이다. 믿음은 믿음이고, 현실은 현실이 되어 버린다는 것이다. 그러니까 어려운 일이 닥치면 하나님 믿지 않는 자와 똑같이 고민하고, 힘들어하고, 불평하고, 괴로워한다는 것이다. 믿음은 현실을 뚫어내야, 현실을 극복해내야 더 큰 값어치가 있는 것이다. 구원에 대한 믿음을 현실에서 사용하고, 마음껏 누려야 한다.

귀한 선물일수록 써야 한다. 귀한 선물이라고 포장한 상태 그대로 두면 먼지만 쌓일 뿐 나에게는 아무런 도움이 안 되는 것이다.

내가 예전에 큰 맘을 먹고 좋은 가방을 어머니

께 선물로 드렸는데, 계속 옷장 안에 고이 보관하고, 계속 낡아 빠진 가방만 들고 다니시는 것이다. 그 선물 드린 지가 몇 년이 지났어도 어머니는 그 좋은 가방을 쓰시지 않으셨다. 어느 날, 왜 새 가방을 안 쓰시냐고 여쭤보니까 그 귀한 가방을 어떻게 함부로 사용하냐고 말씀하셨다. 그래서 나는 당장 쓰시라고 말씀드렸다.

좋은 선물일수록 제대로 사용해야 더 빛을 발하는 것이다. 그 선물을 써야 누릴 수 있는 것이다. 옷장 안에 있으면 아무도 그 귀한 가방이 거기에 있는지, 가방이 얼마나 좋은 것인지도 알 수가 없는 것이다. 이와 같이 우리의 구원에 대한 믿음도 현실에서 쓰고, 능력을 발휘해야 하는 것이다.

이번 장을 마무리하면서 우리의 삶의 과정 과정에서

하나님께서 역사하시고, 능력으로 인도해주셨음을 전인격적으로 깨닫자! 예수님의 부활과, 예수님의 주인되심과 교회의 머리되신 예수님을 내 마음 속 깊이 받아들이고 묵상하자! 그리고 이 모든 과정을 위해 하나님께 간절히 기도하자! 그리하면 하나님의 능력과 은혜의 크심을 깨달아 알게 될 것이다.

Chapter 5

다섯 번째 바울의 기도

속사람을 능력으로 강건하게 하소서!

"

에베소서 3장 16절

그 영광의 풍성함을 따라

그의 성령으로 말미암아

너희 속사람을 능력으로 강건하게 하시오며

"

> 그 영광의 풍성함을 따라
>
> 그의 성령으로 말미암아
>
> 너희 속사람을 능력으로 강건하게 하시오며
>
> 에베소서 3장 16절

당신은 마음이 강한 사람인가 아니면, 마음이 약한 사람인가? 마음이 강한 것도 강점이 될 수 있고, 마음이 약한 것도 강점이 될 수 있다. 마음이 약한 사람 대부분은 마음이 따뜻하고, 포근한 사람들이다. 반면 마음이 강한 사람 대부분은 의지가 강하고, 일처리가 확실한 사람이다.

인간관계에 있어서 우리는 마음이 약해야 한다. 인

간관계에서 마음이 약한 사람은 좋은 사람이고, 따뜻한 사람이다. 이런 사람이 남을 배려할 줄 안다. 남의 어려움, 고민을 들어줄 줄 아는 아량이 넓은 사람이다. 그러나 마음이 항상 약해서는 안된다. 의지적인 측면에서는 마음이 강해야 한다. 일을 할 때는 마음이 강해서 감정에 휘둘리지 않고, 할 수 있어야 한다. 죄의 문제에 있어서도 단호하게 '노(No)'라고 할 수 있는 마음의 강함이 필요하다.

하나님께서 기뻐하시는 것은 '정직'이다. 그런데 인간관계에 있어서 마음이 약하다는 핑계로 정직을 어긴다면 그것은 하나님 앞에 큰 죄악이다. 마음을 강하게 먹고 죄를 이길 수 있어야 한다. 대부분 학창시절의 추억으로 느끼는 컨닝에 대해서 어떻게 생각하는가? 이것은 아무 것도 아닌 것 같아 보이지만, 하나님 앞에 정직하지 못한 죄이다. 남들이 컨닝한다고 따라 했는가? 혹 친한 친구가 답 좀 가르쳐 달라고 했을 때 마음이 약해져서 보여줬는가? 아니면, 그 유혹을 이겨냈는가?

고등학교 1학년 때 어느 시험 시간 바로 전에 내 뒤에 있던 친한 친구가 나에게 이렇게 말했다.

"친구야! 답 좀 가르쳐주라."

갑자기 부탁하는 친한 친구의 말에 나는 당황했다. 나는 진짜 그 친구에게 답을 보여주고 싶었지만 정직이라는 덕목을 어기면서까지 그렇게 하고 싶지는 않았다. 그래서 그 친구에게 미안하다고 말하며 보여주지 않았다.

시험 때면 선생님들께서 늘 하시는 말씀이 있다.

"보여준 놈이나 본 놈이나 똑같이 컨닝으로 간주한다."

그 시험이 끝나고 나는 그 친구랑 사이가 나빠졌을까? 아니다. 그 친구는 나에게 찾아와 미안하다고 말했고 그 이후에 나는 그 친구에게 공부를 가르쳐 주었다.

인간관계에 있어서 희생하고 섬겨야 할 때나, 사랑을 베풀 때는 마음이 약해져야 한다. 그러나 죄의 문제에 있어서는 강해져야 한다.

이번 장의 기도는 마음의 강함을 달라는 기도이다.

'속사람'이라는 용어는 원래 인간의 몸과 영혼을 구별해서 외적 인간과 내적 인간으로 말하는 헬라철학에서 온 것이다.[2] 그러나 이 본문에서 말하는 '속사람'은 헬라철학처럼 몸과 구분되는 인간의 영혼을 말하는 것이 아니고, 그리스도인의 삶과 행동을 지배하는 마음이라고 할 수 있다.[3] 이 마음이 강해야 죄도 이길 수 있고, 연약한 감정상태도 극복할 수 있는 것이다.

그럼, 어떻게 해야 마음이 강해질 수 있을까?

첫째, 하나님의 영광을 위한 삶을 살기 위한 결단과 행동이 필요하다.

---

2) 박창건, 『에베소서』(서울: 대한기독교서회, 2003), p. 128.
3) 조경철, 『설교자를 위한 에베소서 주석』(서울: 한국기독교연구소, 2004), p. 206.

이번 장의 본문에서는 하나님의 영광의 풍성을 따라야 한다고 나와 있다. 하나님의 영광의 풍성함을 위한 삶을 살아야 한다. 쉽게 말해서 하나님이 기뻐하시는 삶을 살기 위한 결단과 행동이 필요하다.

기독교 베스트셀러 중에 "예수님이라면 어떻게 하셨을까?"라는 제목의 책이 있다. 책 속의 등장인물들은 자신의 삶에서 스스로에게 '예수님이라면 어떻게 하셨을까?'라는 질문을 하고 그리스도인의 삶을 결단한다. 그러자 하나님의 놀라운 기적을 체험하게 된다.

우리도 인생을 살아가면서 이 질문을 항상 던져야 한다. 그러면, 우리의 삶의 모습이 변화될 수 있는 계기가 된다. 항상 하나님의 기쁨이 되기 위한 삶을 살겠노라는 결단과 그 결단의 행동이 필요하다. 찬양 중에 '나 주님의 기쁨되기 원하네'라는 제목의 찬양이 있는데, 그 찬양의 가사대로 살면 된다. 그러면, 죄의 문제를 이겨낼 수 있는 힘이 생기며, 하나님의 영광이 되기 위해 일도 열심히 하게 된다.

나 주님의 기쁨되기 원하네
내 마음을 새롭게 하소서
새 부대가 되게 하여 주사
주님의 빛 비추게 하소서
내가 원하는 한 가지 주님의 기쁨이 되는 것
내가 원하는 한 가지 주님의 기쁨이 되는 것

둘째, 성령님의 인도하심을 받아야 한다.

우리 믿는 자의 신앙의 차이는 성령충만 정도의 차이이다. 성령충만은 아무리 강조해도 지나침이 없다. 사실 성령충만을 위한 기도가 가장 우선되어야 하며, 가장 중요한 기도이며, 바울의 기도의 핵심이다. 그래서 이 부분은 뒤의 장에서 계속 강조하며 다룰 것이다.

우리 마음속에는 하나님도 계시지만, 세상도 있다. 하나님이 계신 부분이 많아지면, 세상적인 부분이 줄

어든다. 이것은 마치 시소와 같다. 반면에 세상적인 부분이 많아지면, 하나님이 계신 부분이 줄어든다. 성령충만이라는 것은 하나님이 계신 부분이 내 안에 충만한 상태를 말한다. 히브리서 12장 29절에는

"우리 하나님은 소멸하는 불이심이라"

라고 나와 있다. 항상 성령충만한 것이 아니다. 신앙생활의 열심이 줄어들고, 예배도 등한시하고 하면 점점 줄어드는 것이다. 불이 장작이나 기름이 없으면 꺼지는 것과 같다. 불이 계속 활활 타오르려면 장작이나 기름을 계속 넣어 주어야 한다. 우리 성령님이 소멸하지 않고 내 안에서 타오르려면, 말씀과 기도, 예배라는 장작과 기름을 계속 넣어 주어야 한다. 성령충만함을 위해 계속 기도해야 한다. 세상의 유혹을 이길 수 있도록 계속 기도해야 한다. 세상의 유혹에 지면 질수록 여러분 안에 성령충만이 계속 소멸된다는 것을 잊지 말기

바란다.

성령충만하면, 성령의 능력이 내 안에 있게 되어서 죄를 이길 수 있는 강한 마음이 든다. 그 마음 속에 슬픔과 외로움, 고독함도 이겨낼 수 있는 참된 평안과 기쁨이 찾아온다. 그리고, 하나님께서 지금 나에게 맡겨주신 일들을 열정적으로 감당할 수 있다.

베드로, 바울과 같은 선배들이 감옥에 가서도 발 뻗고 잠을 잘 수 있었던 이유는 바로 성령충만했기 때문이다. 베드로는 감옥에서 너무 잘 자서 천사가 황당해 한다. 사도행전 12장을 보면, 베드로의 투옥장면이 나오는데 베드로는 사형 전날에도 쿨쿨 잠을 잔다. 주의 천사가 광채로 나타나서 눈이 부신대도 계속 잔다. 하도 답답해서 옆구리를 쳐서 깨워도 비몽사몽이다. 다 나와서도 잠결에 환상인 줄 착각한다. 얼마나 담대하고, 평안한 모습인가! 사형 전날인데도 말이다. 채찍에 맞고, 고통을 당하는 감옥 속에서도 말이다. 그것은 바로 하나님의 성령이 그 안에 충만했기 때문이다. 성령이 충만하면, 성령의 능력으로 모든 어려움을 이길 수 있고, 죄의 유혹을 이길 수 있다. 내적으로 강인한 사람이 될 수 있다.

셋째, 의지로서 감정을 이겨내는 훈련을 해야 한다.

하나님은 우리에게 의지를 선물해 주셨다. 의지를 통해 감정을 이겨낼 수 있다. 어려운 일이 찾아와서 고독하고, 외롭고, 분노가 치밀어 오르는 감정이 있어도 의지로서 충분히 극복할 수 있다. 자신이 일상 생활 가운데 어려움을 겪고 있다고 생각이 된다면 의지로서 이 감정을 극복해야 한다. 그렇게 극복해 낸 경험을 통해 우리는 점점 더 강한 사람이 될 수 있다.

많은 교육 심리학 연구 결과를 보면 성공한 사람들의 지력 지수인 I.Q는 다른 사람들과 비슷하나, 의지의 지수에서 많은 차이가 난다고 밝힌다. 성공한 사람들은 대부분 의지의 지수가 높게 나왔다는 것이다.

성령님은 우리의 의지를 자극하신다. 우리의 의지를 깨우신다. 우리의 의지에 열정을 점화시킨다. 그래서 성령받은 사람의 특징은 의지가 강하다는 것이다. 한 가지 예로 이전에는 새벽에 못 일어났는데, 성령충만하면 의지가 생겨 새벽에 일어나 새벽기도를 할 수 있게 되는 것이다. 성령충만 하기 이전에는 의지가 약해서 기도하면 5분도 못 했는데, 성령충만 하면 기도해도 1시간이 그냥 가게 된다는 것이다. 경험해 본 사람은 다 알 것이라고 생각이 된다.

누가복음 10절 27절에서 예수님은 가장 큰 계명을 가르쳐 주실 때 신명기 6장 5절의 '쉐마' 말씀을 가져와서 말씀하신다.

"네 마음을 다하며 목숨을 다하며 힘을 다하며 뜻을 다하여 주 너의 하나님을 사랑하고 또한 네 이웃을 네 자신 같이 사랑하라"

'마음'과 '목숨'과 '힘'과 '뜻' 중에 맨 마지막에 나온 '뜻'은 바로 '의지'를 뜻한다. 의지를 사용해야 마음도 다하고 목숨도 다하고 힘도 다할 수 있는 것이다.

아무리 똑똑해도 의지가 약하고 심약한 사람은 성공하기가 힘들다. 강한 의지를 키움으로 앞으로 전진해 나가야 한다. 성령님의 힘을 통해 강한 의지를 배양받아야 한다. 고난을 극복하는 경험을 통해 의지를 발전시켜 나가야 한다. 어렵고 힘든 일이 다가오면 이겨내야 한다. 그 경험을 통해 우리의 의지는 계속 자라나게 된다.

이제는 하나님의 영광과 기쁨이 되기로 결심하며, 성령의 충만함과 감성을 극복하는 의지의 강함을 통해 하나님께 큰 쓰임을 받는 하나님의 자녀들이 되기를 간절히 소망하며, 이것을 위해 함께 기도하자!

Chapter 6

여섯 번째 바울의 기도

예수님께서 저의 주인이 되게 하소서!

"

에베소서 3장 17절

믿음으로 말미암아

그리스도께서

너희 마음에 계시게 하시옵고

"

> 믿음으로 말미암아
>
> 그리스도께서
>
> 너희 마음에 계시게 하시옵고
>
> 에베소서 3장 17절

예수님을 만나기 전에 내가 가지고 살았던 좌우명이 있었다. 그 좌우명은 바로 "나는 내 삶의 주인이며, 내 삶의 주관자이다"라는 좌우명이었다. 정말 자신감이 넘쳐 보이는 멋진 좌우명 같지만, 기독교 신앙의 관점으로 볼 때 그것은 멋진 좌우명이 아니라, 반기독교사상이 스며든 좌우명이다. 그러나 나는 이 좌우명이 너무나 멋있었고, 그래서 이 좌우명처럼 내가 내 삶의 주인이 되어 살았다.

나는 고등학교 1학년 수련회에서 예수님을 만나고, 신비체험을 하였다. 내가 수련회에서 예수님을 만나고 집에 와서 제일 먼저 했던 일은 바로 좌우명을 고치는 것이었다. 나의 좌우명은 일기와 함께 책상에 대문짝만하게 붙어 있었는데 이렇게 좌우명을 고쳤다.

“예수님은 내 삶의 주인이며, 내 삶의 주관자이다.”

할렐루야!!

주어만 바꾼 것이었다. 예수님을 제대로 믿기 전에는 내 자신이 삶의 주인이며, 주관자라고 착각하며 살았지만, 예수님을 믿게 되자 제일 먼저 변화된 모습은 나의 주권을 예수님께 드렸다는 것이다.

“예수님이 내 삶의 주인이며, 내 삶의 주관자다!”

이것이 정확한 표현이다!

어떤 시계가 있다고 가정해보자! 시계가 생각할 수 있는 능력이 있다면, 그 시계는 자기가 스스로 생겨난 것이라고 판단할 수도 있겠지만, 그것은 잘못된 것이다. 시계 장인이 그 시계를 만든 것이고, 시계 장인이 자신이 만든 시계의 목적도, 그 시계가 해야 하는 역할도 시계에게 부여한 것이다. 시계가 스스로 자신의 삶을 가능케 했고, 삶을 움직이는 주관자라고 말한다면, 그것은 코미디가 될 것이다. 그런 시계를 보면, 시계 장인은 내다 버릴 것이다.
시계의 존재목적과 존재를 가능케 하는 힘은 시계 존재 자체에 있는 것이 아니라, 시계를 만든 장인에게 있는 것이다.

우리도 마찬가지이다. 우리는 하나님께서 창조하신

피조물이다. 그렇기 때문에 우리의 존재 목적과 우리의 삶을 가능케 하는 힘은 우리 자신에게 있는 것이 아니다. 우리를 창조하시고, 우리를 가능케 하신 하나님께 우리의 존재목적과 주권이 있는 것이다. 만약에 우리 자신이 삶의 주인이라고 말한다면, 하나님은 정말 웃긴다고 하실 것이다. 따라서 우리의 주권은 오직 하나님께 있다는 것이 바른 표현이며, 진리인 것이다.

사탄은 자꾸 우리가 우리 삶의 주인이 되기를 원한다. 사탄이 누구인가? 원래는 하나님 아래에서 하나님의 시중을 들던 천사이다. 그도 영적인 존재이다. 따라서 신비적인 일을 행할 수 있다. 사탄은 보기에는 자기도 하나님 같이 신비한 능력도 가지고 있고 뛰어난 것처럼 보이니까, 하나님을 배신해서 자신이 하나님처럼 되려고 하다가 하나님께 쫓김을 받고 사탄이 된 것이다. 그래서 사탄을 '타락한 천사'라고 말하는 것이다.

사탄은 자신만 하나님처럼 되려고 한 게 하니라, 하나님이 으뜸으로 만드신 인간도 하나님인양 착각하게 만들려고 유혹한다. 왜냐하면, 하나님은 이것을 가장 싫어하시기 때문이다. 그래서 사탄은 에덴동산에서 하와를 유혹한다. 창세기 3장 4~5절을 보면 알 수 있다.

"뱀이 여자에게 이르되 너희가 결코 죽지 아니하리라 너희가 그것을 먹는 날에는 너희 눈이 밝아져 하나님과 같이 되어 선악을 알 줄 하나님이 아심이니라"

무슨 말인가? 바로 하나님 즉, 신이 된다는 것이다. 얼마나 매혹적인 유혹인가! 아담과 하와는 이 유혹에 넘어가서 사단과 같이 타락하게 된 것이다.

우리 주위에서도 이와 같은 사탄의 전략은 계속되고 있다. 사탄은 자신의 능력을 신뢰하게 만든다. 타종교에서는 자신이 신이 될 수 있다고 주장한다. 그래서 신이 되기 위해 도를 닦고 고행을 한다. 모두 사탄의 전략이며, 계략임을 잊지 말아야 한다. 그래서 하나님께서 교만을 그렇게도 싫어하는 것이다. 교만은 자기의 힘과 능력을 의지하며 으스대는 것이기 때문이다. 우리가 가진 모든 것은 하나님께서 맡긴 것이다. 그렇기 때문에 자랑할 것도, 또한 부끄러워할 것도 없다.

예수님을 만나면 제일 먼저 변화되는 모습이 바로 이 주권이양이다. 지금까지는 자신이 삶의 주인이요 주관자라고 생각했는데, 그렇지 않음을 깨닫고, 예수님께 자신의 삶의 주권을 이양하며, 주인되심을 인정하게 되는 것이다. 죽을 수밖에 없는 죄된 인생을 예수님께서 무료로-은혜는 무료인 것이다- 살리셨는데, 어찌 가만히 있겠는가? 오직 예수님만 의지하고, 예수님을 내 생명의 주인으로 모시고, 예수님께서 기뻐하시는 대로 살려고 하는 것이 당연한 인간의 도리일 것이다.

그래서 갈라디아서 2장 20절에서 바울은 말한다.

"내가 그리스도와 함께 십자가에 못 박혔나니 그런즉 이제는 내가 사는 것이 아니요 오직 내 안에 그리스도께서 사시는

것이라 이제 내가 육체 가운데 사는 것은 나를 사랑하사 나를 위하여 자기 자신을 버리신 하나님의 아들을 믿는 믿음 안에서 사는 것이라"

우리도 바울과 같은 고백으로 살아야 한다. 그러면, 인생을 제대로 잘 사는 것이다.

한 목사님께서 어떤 교인과의 관계에서 힘든 일이 있어서 선배 목사님을 찾아갔다고 한다. 어떤 교인이 자기를 힘들게 하고, 괴롭힌다고 분노했다. 그러면서, 그 선배 목사님께 어떻게 해야 하는지 가르쳐달라고 말했다. 그러자, 이 선배 목사님께서 뭐라고 말씀 하셨는 줄 아는가? 이 선배 목사님은 이렇게 말했다.

"넌 벌써 죽었어!"

의미심장한 이야기이다. 바울의 표현처럼 우리는 벌써 죽은 것이다. 우리 안에는 예수님이 살아 계시는 것이다.

이번 장의 본문은 지금까지 설명한 기도의 내용을 가지고 드리는 것이다.

"믿음으로 말미암아 그리스도께서 너희 마음에 계시게 하시옵고"

이는 예수 그리스도께서 우리 마음에 주인이 되게 해 달라는 기도이다. 마음은 헬라어로 '카르디아'라고 한다. 마음이란, 사람의 인격, 생각, 의지, 감정의 중심을 가리킨다.[4] 예수님께서 이 마음의 주인이 되어서 나를 다스려 달라는 것이다.

이와 같은 역사는 어떻게 이루어지는가? 바로 예수

---

4) 김성남, 『에베소서 어떻게 읽을 것인가』(서울: 성서유니온선교회, 2005), p. 260.

님을 믿는 믿음을 통해서 이루어진다. 자세히 말하면, 지속적으로 언제나 예수 그리스도를 삶의 주인으로 인정하고 변함없이 그를 신뢰하는 것이다.

여기서 중요한 점은 지속성이다. 예수님을 믿는 대다수의 사람들은 가끔 예수 그리스도를 삶의 주인으로 인정한다. 어떤 사람은 좋은 일이 생길 때만 예수님을 삶의 주인으로 인정하며 감사한다. 또 어떤 사람은 정말 괴롭고 힘든 일이 생길 때만 예수님을 삶의 주인으로 인정하면서 살려달라고 부르짖는다. 모두다 건강한 신앙인의 모습이 아니다. 또 어떤 사람은 큰 결정을 할 때만 예수님을 삶의 주인으로 인정한다. 인정 안 하는 것보다야 낫지만, 이것 또한 좋은 신앙의 모습은 아니다, 큰 결정이나 작을 결정이나 어떠한 결정이든지, 좋을 때나 나쁠 때나 어느 때에든지 예수님을 삶의 주인으로 인정하며 그분의 뜻에 따라야 한다.

우리 믿는 자들은 선택을 잘 해야 한다. 인생은 선택의 연속이다. 진로, 결혼, 자녀계획 등등 모든 것이 다 선택이다. 성공하는 사람들은 선택을 잘 하는 사람이다. 선택을 잘 해야 하나님께 크게 쓰임 받고, 인생을 후회 없이 제대로 살 수 있다. 선택의 순간마다 예수님을 삶의 주인으로 인정하는 모습은, "제가 원하는 것보다는 예수님이 기뻐하시는 것을 선택하겠습니다!" 라는 순종이 전제되어야 한다.

선택의 결정에서 항상 기도하여야 한다. 기도하면 마음에 드는 소원이나 열망이 생긴다. 그 때 더 간절히 기도해야 한다. 그 소원이나 열망이 작아지는가? 아니면 커지는가? 작아지면, 그것은 하나님의 뜻이 아닐 확률이 높다. 그러나 기도하는데도 계속 소망이나 열망이 커진다면 그것은 하나님의 뜻일 확률이 높다. 빌립보서 2장 13절에 다음과 같이 나와 있다.

"너희 안에서 행하시는 이는 하나님이시니 자기의 기쁘신 뜻을 위하여 너희에게 소원을 두고 행하게 하시나니"

하나님은 자신의 뜻대로 우리를 인도하실 때 결코 우리의 소원을 무시하지 않으신다. 예를 들어, 배우자 선택의 문제에 있어서 상대방이 신앙도 좋고, 성격도 괜찮기 때문에 저 사람이 내 배우자가 되는 것이 하나님의 뜻처럼 보이는데, 내 마음에 이 사람에 대한 소원이나 열망이 없어도 결혼해야 하는가? 그렇지 않다는 것이다. 하나님께 계속 기도하고, 하나님의 뜻을 구하면 하나님은 우리 마음속에 열망과 소원을 주셔서 그 선택을 하게끔 만드신다는 것이다. 그래서 믿는 자에게는 기도를 통해 모든 것이 합력하여 선을 이루는 것이다. 그러나 기도 안하고 자신의 소원과 열망만 의지하는 자는 잘못된 선택을 할 가능성이 높다. 왜냐하면 자신의 생각과 행동과 결정 속에 자신의 욕심과 욕망이 들어가 있기 때문이다.

먼저 하나님께서 내 삶의 주인, 내 삶의 주관자 되심을 인정하고, 선택의 문제에서 어떤 선택을 해야 할지 계속 기도해야 한다. 계속 기도하는데 어느 쪽으로 선택하고 싶어지면, 더 간절히 계속 기도해야 한다. 그러하는데도 그 열망과 소원이 커지고, 지속된다면, 그것은 하나님께서 기뻐하시는 선택일 확률이 높다. 이것이 바로 하나님의 뜻을 분별하는 법이다.

다시 돌아와서 '믿음으로 말미암아'의 의미를 강조하면, 삶의 모든 순간순간마다 하나님을 인정하라는 것이다. 기쁠 때나, 슬플 때나, 만족할 때나, 불만족스러울 때나, 괴로울 때나, 행복할 때나, 큰 선택의 기로에 설 때나, 작은 선택의 기로에 설 때나 언제든지 하나님을 여러분의 주인, 주권자로 인정하면서 하나님을 신뢰하라는 것이다.

이 지속적인 주권이양의 믿음이 여러분 안에 충만하면, 예수님께서 그 믿음을 통해 우리 안에 주인 되어 주시는 것이다. 그 때, 마음이 평안해진다. 예수님께서 부활하시고, 제자들에게 오셔서 제일 먼저 해 주셨던 말씀은

"평안이 너에게 있을 것이다"

라는 말씀이다. 병자들을 고치고 나서 하셨던 말씀도 "평안히 가거라"이다. 여기서 말씀하신 예수님의 참된 평안이 우리 안에 항상 있을 것이다. 그 때 비로소 "내 인생은 행복하다"라고 말할 수 있을 것이다.

예수님께 내 삶의 주권을 맡기자! 마음이 행복해진다. 삶이 좋아진다. 예수님께서 내 삶에 주인이 되시기에 내 삶이 예수님의 삶처럼, 내 인격이 예수님의 인격처럼 바뀌게 된다. 이 기도제목을 위해 항상 기도함으로 우리 모두의 중심에 예수님이 주인되어 거하시는 놀라운 역사가 이루어지기를 간절한 마음으로 소원한다. 아멘.

Chapter 7

일곱 번째 바울의 기도

하나님의 사랑 안에 거하게 하소서!

"
에베소서 3장 17절

믿음으로 말미암아

그리스도께서 너희 마음에 계시게 하시옵고

너희가 사랑 가운데서 뿌리가 박히고

터가 굳어져서
"

> 믿음으로 말미암아
> 그리스도께서 너희 마음에 계시게 하시옵고
> 너희가 사랑 가운데서 뿌리가 박히고
> 터가 굳어져서
> 에베소서 3장 17절

우리는 누군가를 사랑한다. 그렇다면, 과연 사랑의 증거는 무엇인가? 사랑의 증서는 주었는데도 아깝다는 생각이 들지 않는 것이다. 사랑은 희생이라고 말한다. 그러나 사랑의 속성을 자세히 들여다보면, 사랑은 희생이 아니다. 희생이라는 것은 손해를 감수하는 것을 뜻하기에 '아깝다'는 생각이 함의되어 있다. 그러나 사랑은 그렇지 않다. 주는 것이 받는 것 같다는 느낌이

든다. 왜냐하면 사랑을 주면 행복을 받기 때문이다. 그래서 역설적인 것 같으나 진정한 사랑은 희생이 아니라, 받음이다. 준 것 같은데, 오히려 내가 받는 것 같은 느낌을 가지게 되는 것이다. 누군가를 진정으로 사랑한다면, 아무리 비싸고 귀한 것을 선물해도 아깝다는 생각이 들지 않을 것이다. 사랑을 해 본 사람들은 다 알 수 있을 것이다. 그러나 무언가를 줬는데 아깝다는 생각이 든다면 그 사랑이 식고 있다고 말해도 별 무리가 없을 것이다.

"사랑"이라는 단어가 한글에서는 하나 밖에 없으나, 헬라어는 기본적으로 네 가지로 나눌 수 있다.

첫 번째는 '필레오'의 사랑이다. 이것은 동성끼리의 우정, 의리를 뜻한다.

두 번째는 '에로스'의 사랑이다. 이것은 이성간의 육체적인 사랑을 뜻한다.

세 번째는 '스토르게'의 사랑이다. 이것은 자식을 향

한 부모의 사랑을 뜻한다.

네 번째는 '아가페'의 사랑이다. 이것은 인간을 향한 하나님의 사랑을 뜻한다.

'필레오', '에로스', '스토르게'의 사랑은 모두 조건을 전제하는 사랑이다. 비슷한 면이 있고, 좋아할 만한 조건이 있으니까 우정도 생기는 것이고, 남·녀 간의 사랑도 생기는 것이다. 부모의 사랑조차도 '내 자식, 내 핏줄'이라는 조건이 있기에 사랑하는 것이다. 그러나 마지막 네 번째 '아가페'의 사랑은 하나님께서 인간을 사랑하시는 무한의 사랑, 공짜의 조건 없는 사랑이다.

이 네 가지 중에 진짜의 사랑은 네 번째인 이기페의 사랑이다. 이 사랑은 무한히 줬는데도 아까워하지 않는 사랑이다. 하나님은 자신의 독생자 예수 그리스도를 우리 인간에게 주었는데도 아깝다고 생각하지 않으시는 분이시다. 예수 그리스도를 인간이 죽였는데도 우리 인간을 사랑하신다 말하시는 분이시다.

로마서 5장 8절을 보면, 하나님의 아가페 사랑을 확인할 수 있다.

"우리가 아직 죄인 되었을 때에 그리스도께서 우리를 위하여 죽으심으로 하나님께서 우리에 대한 자기의 사랑을 확증하셨느니라"

하나님은 우리가 선할 때나 착한 일을 할 때, 혹은 착해지려고 노력할 때가 아닌, 죄인 되었을 때, 죄로 물들었을 때에 예수 그리스도를 우리에게 보내셔서 죽게 하심으로 우리에 대한 하나님 자신의 무조건적인 아가페 사랑을 확실히 증거하셨다는 귀한 말씀이다.

우리도 하나님의 자녀이기에 하나님의 아가페 사랑이 있다. 없는 사람은 하나도 없다. 정도의 차이일 뿐이지, 믿는 자라면 누구나 다 가지고 있다. 이 하나님의 사랑, 진정한 사랑, 아가페의 사랑이 우리 안에 많이 있어야 한다. 그럴 때 진정으로 행복해진다. 희생해도 손해 본다고 생각하지 않는다. 남을 도와줘도 아깝다고 생각하지 않는다. 좋은 일을 위해 큰 돈을 기부해도 아깝다고 생각하지 않는다. 하나님 나라를 위해 헌금해도 아깝다고 생각하지 않는다. 오히려 줄 때, 받는 느낌을 받는다. 누군가에게 무언가를 줄 때, 선물할 때 오히려 행복을 선물 받는다는 느낌을 받는다. 그 느낌을 가지고 있는 자가 아가페의 사랑을 가지고 있는 자이다.

이 사랑이 우리에게 충만하기 위해서는 하나님의 사랑을 깨닫고, 회상하고, 기억하며, 느껴야 한다. 하나님은 우리를 사랑하셔서 우리를 만드셨다. 하나님은 우리가 죄를 지었을 때, 예수 그리스도라는 큰 선물을 주셔서 구원을 받고, 영생을 받게끔 하셨다. 또한 성경은 인간을 향한 하나님의 사랑이 기록된 책이다. 성경을 자세히 보면 그 사랑을 느낄 수 있다. 그 사랑이 내 안에 전이되어 들어오는 것을 느낄 수 있다.

책 중에 이런 제목을 가진 책이 있다.

“날마다 자신에게 복음을 전하라!”

어떤 사람은 이렇게 말할 것이다.

"우리는 복음을 듣고 받아들였는데 복음을 또 들을 필요가 무엇이 있는가?"

어떤 사람은 또 이렇게 말할 것이다.

"교회가면 맨날 예수 그리스도가 우리 죄를 대속하셨다는 말만 하네. 다 아는 얘기인데 맨날 하니까 식상하네."

이렇게 생각하는 것은 정말 잘못된 것이다. 왜 복음은 계속 자신에게 들려져야 할까? 예수 그리스도의 복음을 계속 듣고, 회상하고, 기억하고, 생각하면 하나님의 인간을 향한, 아니 나 자신을 향한 뜨거운 아가페의 사랑이 우리 안에 전이되어 들어오기 때문이다. 그래서 예수 그리스도의 구원의 복음은 계속 들려져야 하는 것이다. 그리고 인간을 향한 하나님의 구원의 사랑은 듣는 데서 그치는 것이 아니라, 그 사랑을 실천하는 데서 더 충만해지는 것이다. 우리가 들은 사랑의 복음을 다른 믿지 않는 사람과 나누고, 고통받고 어려운 사람들을 예수님의 고난을 생각하며 도와준다면, 실천하는 우리의 손과 발, 생각하는 머리와 느끼는 가슴 속에서 하나님의 사랑이 충만하게 임하실 것이다.

"사랑의 나눔이 있는 곳에 하나님께서 계시도다!"

이 장의 본문에서 나온 '사랑 가운데서'라고 언급되는 그 사랑은 바로 이 아가페의 사랑이다. 이 하나님의 사랑 가운데서 믿음이 뿌리가 박히고, 터가 굳어지도록 기도해야 하는 것이다.

하나님의 사랑 가운데서 하나님을 믿는 믿음이 솟아나오는 것이다. 사랑과 믿음은 항상 같이 진행된다. 고린도전서 13장 13절에 보면

"믿음, 소망, 사랑 이 세 가지는 항상 있을 것이다"

라고 나와 있다. 항상 같이 존재한다는 것이다. 인간관계에서 작용하는 사랑을 보더라도 이것은 쉽게 확인할 수 있다. 우리가 누군가를 사랑하면 그 안에 믿음이 생

긴다. 그 대상을 믿게 된다. 그 대상을 신뢰하게 된다. 그 대상을 신뢰하지 못하고, 의심의 눈초리로 본다면, 그 사랑은 사랑이 아니라 집착에 지나지 않을 것이다.

하나님의 사랑이 있는 곳에 하나님을 믿는 믿음이 있는 것이다. 그래서 하나님의 사랑이 많으면 많을수록 하나님을 믿는 믿음이 충만해 지는 것이다.

그래서 우리가 기도할 것은 하나님의 사랑이 내 안에서 넘쳐나야 함을 기도해야 한다. 그리고 나서 그 사랑 안에서 하나님을 믿는 믿음이 충만해 지도록, 강인한 믿음을 갖도록 기도해야 하는 것이다.

이번 장의 본문에서 강인한 믿음을 달라는 기도를 비유법을 사용하면서 다음과 같이 표현하고 있다. "뿌리가 박히고, 터가 굳어져서" 바울은 나무와 건물에 관한 이중 은유를 사용한다. 나무의 뿌리가 깊히 박히면 박힐수록 나무가 튼튼하고 가지를 많이 뻗칠 수 있는 것처럼, 집의 기초가 견고하면 견고할수록 집이 튼튼히 세워질 수 있는 것처럼 우리의 믿음도 우리의 마음

속에 뿌리 깊게 박히고, 견고해지기를 원하는 기도를 하는 것이다.

뿌리가 깊은 나무는 비바람이 불고, 눈보라가 심해도 쉽게 뽑히지 않는다. 반대로 태양이 강열하게 비춰도 말라죽지 않는다. 구약시대 성전기물을 만들 때 많이 사용되던 나무는 '조각목'이었다. 조각목은 아카시아 나무의 일종이며, 성경에는 '싯딤나무'라고 기록되어 있다. 이 나무가 사는 시나이 반도는 일년에 두세 번 비가 내리는 매우 메마른 땅이며, 강렬한 태양이 내리쬐며, 강한 모래바람이 부는 곳이다. 이 나무가 이 척박한 땅에서 살 수 있는 이유는 단 한 가지이다. 뿌리가 땅 속 깊이 뻗어 있기 때문이다. 전문사료에 의하면, 이 나무는 땅 속 500미터까지 뿌리를 뻗는다고 한다. 뿌리 깊은 나무는 강할 수밖에 없는 것이다.

또한 기초가 튼튼한 건물은 지진이 나고, 어떤 자연재해가 일어나도 쉽게 무너지지 않는다. 태양이 강열하게 내리쬐어도 열 받아서 폭파되지 않는다.

마찬가지로 강인한 믿음의 소유자는 비바람과 같은 시련과 어려움, 고난이 와도 그 믿음이 꺾이지 않는다. 반대로 강열한 태양과 같은 달콤한 유혹이 찾아와도 그 믿음이 녹아지지 않는다.

우리는 어떤 믿음을 가지고 있는가? 시련과 고난이 오면 꺾이는 믿음인가? 세상적인 유혹이 찾아오면 쉽게 나약해지는 믿음인가?

가장 성숙한 신앙의 레벨을 가지고 있는 사람은 고난과 역경, 유혹이 찾아올 때 신앙이 약해지는 것이 아니라 더 강해지는 사람이다. 이런 사람은 마귀도 손을 든다. 이런 사람은 정말 히브리서 11장 38절의 말씀처럼 세상이 감당치 못할 사람이다.

우리는 다 이와 같은 강인한 믿음의 소유자가 될 수 있다. 세상의 유혹과 시험, 고난과 역경이 다가와도 흔들리지 않는 뿌리 깊은 나무의 신앙, 터가 깊은 건물의 신앙을 가질 수 있다.

그 믿음은 인위적으로 만들어지지 않는다. 내 안에

하나님의 아가페 사랑이 충만할 때 자연적으로 이루어지는 것이다. 예수님의 복음을 가슴 깊이 새기고, 그 복음을 실천하고, 하나님의 사랑을 나누고 세상 속에서 실천하는 가운데 하나님의 사랑이 충만해지는 그 결과 강인한 믿음이 우리 안에서 생성되는 것이다.

우리 다 같이 이와 같은 놀라운 역사가 자신 안에 임하게 되기를 간절히 기도하자! 하나님께서 우리의 구체적인 기도를 지금도 들으신다!

Chapter 8

여덟 번째 바울의 기도

예수님의 사랑 안에서 연합하게 하소서!

"

에베소서 3장 18~19절

능히 모든 성도와 함께

지식에 넘치는 그리스도의 사랑을 알고

그 너비와 길이와 높이와 깊이가 어떠함을 깨달아

"

> 능히 모든 성도와 함께
> 지식에 넘치는 그리스도의 사랑을 알고
> 그 너비와 길이와 높이와 깊이가 어떠함을 깨달아
> 에베소서 3장 18~19절

요즘 우리 시대에는 다음과 같은 생각과 신앙을 가지고 있는 사람들이 있다.

"예수님은 좋고, 따르고 싶은데, 교회에 다니는 사람들이 싫어서 나는 혼자 집에서 성경책을 보면서 신앙생활을 할래."

어떻게 보면, 굉장히 편한 신앙, 합리적인 신앙인 것처럼 보인다. 그러나 이것은 옳은 신앙의 모습이 아니다. 왜냐하면, 교회는 믿는 자들이 모여 있는 공동체를 뜻하기 때문이다. 공동체가 없이는 교회가 이루어질 수 없다. 교회가 없이는 신앙이 성장할 수가 없다.

사도행전 2장을 보면, 예수님의 약속대로 오순절에 성령님께서 초대 기독교 공동체-현재의 관점에서는 '초대교회'-에 임하셨음을 알 수 있다. 사도행전 2장 1~4절을 보면 다음과 같이 나와 있다.

"오순절날에 이미 이르매 그들이 다같이 한 곳에 모였더니 홀연히 하늘로부터 급하고 강한 바람 같은 소리가 있어 그들이 앉은 온 집에 가득하며 마치 불의 혀처럼 갈라지는 것들이 그들에게 보여 각 사람 위에 하나씩 임하여 있더니 그들이 다 성령의 충만함을 받고 성령이 말하게 하심을 따라 다른 언어들로 말하기를 시작하니라"

예수님을 믿던 성도들은 오순절에 다 같이 한 곳에 모였다. 그 곳에 있는 성도들 모두가 성령의 충만함을 받았다. 거기에 모인 일부만 성령충만함을 받은 것이 아니고 거기에 모여 있는 공동체 모두가 성령충만과 성령의 은혜를 받은 것이다. 하나님은 공동체적으로 역사하신 것이다. 그래서 기독교회는 태생적으로 공동체적이다. 하나님은 믿음의 공동체 속에서 역사하신다.

나도 청소년 학생들을 데리고 수련회를 인도하다보면 정말 놀라운 역사를 경험한다. 그것은 바로 열심히 기도하고, 찬양하면 하나님께서 성령의 놀라운 은혜와 충만을 허락해주시는데, 성실하고 교회 잘 나오는 아이에게만 은혜를 주시는 것이 아니라, 뻰질대고 교회에 놀러 나오는 아이들에게까지도 성령님께서 강력하게 역사하신다는 것이다. 미국에서 유학생 수련회 인도 사역을 하면서도 성령님께서 수련회에 참여한 모든 사람들에게 동일하게 임하시는 초대교회 역사를 경험했다. 그래서 신앙공동체가 중요한 것이고, 교회공동체가 중요한 것이다.

이번 장의 바울의 기도는 이와 같은 공동체에 대한

관심이 나온다. 예수님의 사랑을 알되, 모든 성도와 함께 알게 해 달라는 기도를 드린다. 바울이 중보 기도하는 대상인 에베소 교회에는 유대인도 있었고, 이방인도 있었고, 남자도 있었고, 여자도 있었고, 심지어 주인도 있었고, 종도 있었다. 서로 사이가 좋을 수 없는 상대들도 한 교회 공동체에 있었다는 것이다. 그러나 교회는 차별이 없는 곳이다. 높고 낮음이 없는 곳이다. 예수 그리스도 안에서 다 한 형제, 한 자매 된 가족공동체이다.

기독교의 복음이 근대기의 한국 사회에 공헌한 점이 무엇인 줄 아는가? 그것은 바로 차별을 없앴다는 것이다. 처음 기독교의 복음이 들어오고, 교회가 세워졌을 때, 우리나라 교회 안에 천민도 있었고, 그 종을 부리는 양반도 있었다. 그러나 그 천민 가운데서 우리나라 최초로 목사안수를 받은 분도 나온다. 심지어 양반 장로는 천민 목사를 잘 섬기기까지 했다. 또한, 우리나라 초대 교회 구성원 중에는 여성들이 많았다. 기독교가 처음 우리나라에 들어올 때만 하더라도 우리나라는 전통적인 유교사회였다. 그래서 여성들은 밖에 나올 수도 없었고, 사회생활도 할 수 없었다. 그런데 복음의 문화가 잘못된 유교 문화를 바꿔 놓았다. 여성들을 통해 복음이 전파되었다. 여성들에 의해 한국교회가 굳건히 세워지게 되었다. 어머니들의 눈물어린 기도가 한국교회를 부흥시켰다.

교회는 차별이 없는 곳이다. 예수 그리스도의 사랑 안에서 하나가 되는 곳이다. 예수 그리스도 안에서 평화를 이루는 곳이다. 갈라디아서 3장 28절에는 기독교의 철학을 대변해주는 중요한 말씀이 나온다.

"너희는 유대인이나 헬라인이나 종이나 자유인이나 남자나 여자나 다 그리스도 예수 안에서 하나이니라"

우리도 마찬가지이다. 우리는 예수 그리스도 안에서 하나된 가족이다. 미움은 틈을 탈 수 없다. 사랑과 평화, 위로와 행복만이 공존해야 한다. 미워할 대상은 믿는 사람들 사이에는 존재하지 않는다. 다 예수님 안에 한 가족이기 때문이다.

그래서 우리가 구체적으로 기도할 것은 교회 구성원 모두가 하나될 수 있도록 기도해야 한다. 하나 되는 모습으로 열정적인 신앙생활을 할 수 있게 해 달라고 기도해야 한다. 찬양할 때, 누구는 가만히 있고, 누구는 열정적으로 찬양하고 하면, 함께 하는 공동체가 아니다. 다 같이 한마음, 한뜻이 되어 열정적으로 찬양하고, 열심히 설교 듣고, 열심히 기도하고, 열심히 예배 드려야 하나님께서 기뻐하시고, 바로 이때 성령님께서 충만함으로 공동체에 역사하신다는 것이다.

그래서 교회의 부흥이라고 하는 것은 성도의 숫자가 많아지는 것만을 의미하는 것은 아니다. 교회의 부흥은 교회 구성원 모두가 성령님 안에서 하나가 되는 것이다. 하나된 모습으로 열심히 예배드리고, 열심히 봉사하고, 열심히 기도와 찬양을 하는 것이다. 그 열심 가운데 하나된 모습이 있을 때, 하나님께서는 그 공동체를 인정하시며 성령님의 충만한 은혜와 능력으로 채워주시는 것이다.

그리고 그 하나 되는 모습 가운데서 우리는 예수 그리스도의 사랑의 너비, 길이, 높이, 깊이를 깨달아 알아야 한다.

스토트라는 학자는 이 구절을 이렇게 해석했다.

"그리스도의 사랑은 모든 인류를 포함할 만큼 넓으며, 영원히 지속할 만큼 길고, 가장 타락한 죄인을 변화시킬 수 있을 만큼 깊으며, 그를 하늘에까지 올릴 만큼 높다." [5)]

이와 비슷한 의미의 구절이 욥기 11장 7~9절에 나온다.

---

5) 박형용, 『에베소서 주해』(서울: 합동신학대학원출판부, 2006), p. 178.

"네가 하나님의 오묘를 어찌 능히 측량하며 전능자를 어찌 능히 완전히 알겠느냐 하늘보다 높으시니 네가 무엇을 하겠으며 스올보다 깊으시니 네가 어찌 알겠느냐 그의 크심은 땅보다 길고, 바다보다 넓으니라"

이와 같이 넓고, 길고, 높고, 깊은 예수 그리스도의 사랑을 어떻게 깨달아 알 수 있을까? 그것은 바로 지식을 뛰어넘어야 한다. 이번 장의 본문에서 '지식에 넘치는'이란 표현은 '지식을 뛰어넘는, 지식을 초월하는'이라는 의미를 가지고 있다. 여기서 말하고 있는 지식은 예수 그리스도를 머리로 아는 지식이다. 단순히 이성적인 지식으로 아는 것이다. "예수님은 우리 인간을 사랑하셔서 우리 죄를 없애시기 위해 십자가에 달리시며 우리의 구세주 되시고, 우리의 주인 되시고"와 같은 교리적인 내용, 성경에서 말하고 있는 지식은 우리가 다 알고 있다. 그러나 단지 머리로서 아는 예수님에 대한 지식을 가지고서는 절대로 예수님의 사랑의 너비와 길이, 높이와 깊이를 알 수가 없다.

그럼, 어떻게 해야 지식을 뛰어넘을 수 있을까? 바로 경험을 통해서이다. 경험을 통해 지식은 완성이 된다. 경험을 통해 믿음은 정확하게 내 안에 자리 잡게 된다. 경험을 하면 예수님의 사랑을 느낄 수 있다. 경험을 하면 절대로 예수님을 부정하지 않게 된다. 믿음은 느낌이다. 경험한 자가 가지고 있는 느낌이다. 믿음은 믿어지지도 않는데 '믿어야지, 믿어야지' 억지로 외쳐서 얻어지는 것이 아니다. 믿음은 자연적으로 느껴지는 것이다.

나는 운전을 할 때, 길을 갈 때 갑자기 눈물이 날 때가 있다. 내 감성이 풍부해서가 아니라, 예수님께서 나와 함께 계심을 느끼기 때문이다. 힘들 때, 어려울 때, 마음이 아플 때 눈물이 난다. 그

> 눈물을 흘릴 때 나는 고독하지 않다. 나와 함께 하시는 예수님께서 내 곁에 계심을, 나를 안아주고 계심을, 내 감정을 이해하며 품어주심을 느낀다. 그래서 나는 위로를 받는다.

예수님을 경험해야 한다. 예수님의 놀라운 사랑이 머리에서 머물지 않고, 가슴으로 내려와서 전인격적으로 내 삶에서 고백되어져야 한다.

예수님을 경험하는 방법은 여러 가지이다. 그 중 말씀을 진지하게 보는 방법은 가장 좋은 방법이다. 진지하게 본다는 것은 그 말씀 안으로 빠져든다는 것이다. 한 가지 예를 들면, 성경 속의 인물이 되어 보는 것이다. 사자굴 속의 다니엘이 되어도 보고, 사울을 피해 도망다니는 다윗도 되어 보는 것이다. 이삭을 죽여야만 하는 아브라함이 되어 보고, "죽으면 죽으리라"는 각오를 가지고 떨리는 마음으로 왕 앞에 나가는 에스더가 되어 보는 것이다. 죽을 수밖에 없는 죄인인 세리가 되어 예수님 앞에 나아가 보는 것이고, 예수님 앞에 병 낫기를 사모하며 나아가는 한센 병 환자가 되어 보는 것이다. 예수님을 찾고 싶어 돌무화과 나무에 올라간 삭개오가 되어 보는 것이다. 성경 속 인물이 될 때, 그 안에서 깨닫는 강렬한 은혜가 있을 것이다. 히브리서 4장 12절에서 하나님께서 말씀하신다.

"하나님의 말씀은 살아 있고 활력이 있어 좌우에 날선 어떤 검보다도 예리하여 혼과 영과 및 관절과 골수를 찔러 쪼개기까지 하며 또 마음의 생각과 뜻을 판단하나니"

하나님의 말씀은 살았고, 운동력이 있어 지금 우리에게도 역사하시며, 내 삶을 변화시킨다.

또 다른 방법은 기도에 집중하는 것이다. 기도하면

좋은 이유는 기도 제목이 이루어져서 좋은 면도 있지만, 그것보다 우선해서 하나님과 친밀해지기 때문에 좋은 것이다. 기도는 하나님과의 교제이고, 만남이다. 그렇기 때문에 만나면 만날수록 친해지게 되는 것이다. 기도를 통해 하나님의 은혜를 경험적으로 깨닫게 된다.

기도의 양을 많이 쌓아야 한다. 인간관계에서 누군가와 친해지려면 자주 만나서 차를 마시고 이야기를 나누어야 한다. 1년에 한두 번 만나서는 친해지기가 힘들다. 하나님과의 만남도 마찬가지이다. 가끔 기도해서는 하나님과 친밀해지기가 힘들다. 그렇기 때문에 기도의 양을 많이 쌓아야 한다. 그래야 하나님과 친밀해지고, 하나님을 더 강렬하게 느끼게 된다.

그리고, 찬양을 해야 한다. 찬양 가사에 초점을 맞춰서 찬양을 뜨겁게 해야 한다. 그 가사가 자신의 마음에 박히는 때가 온다. 그러면 찬양의 감동을 통해 하나님의 사랑을 깨닫게 된다.

또한, 예배를 집중해서 잘 드려야 한다. 예배는 하나님의 창조의 섭리와 예수님의 구원의 은혜와 성령님의 인도하심과 보호하심의 축복에 감격해서 하나님께 올려드리는 감사와 찬양과 영광의 표현이다. 그래서 하나님은 이 예배를 너무나도 좋아하신다. 예배는 삼위일체 하나님과 만나는 만남의 현장 그 자체이다. 그래서 우리는 예배를 소중히 여겨야 한다. 예배 속에 임재하시는 하나님을 경험해야 한다.

그리고, 우리는 예수님의 사랑을 생각하며 선한 봉사를 해야 한다. 어렵고 힘든 사람을 도우면서, 우리를 위해 모든 고통을 다 감당하면서까지 우리를 사랑하신 예수님을 느끼게 된다.

그러나 중요한 것은 이와 같은 경험적 깨달음은 개인 스스로 하는 것도 중요하지만, 교회 공동체가 하나가 되어 하는 것이 더 중요하다는 것이다. 그래서 교회 안에서의 예배, 교회 안에서의 찬양과 기도, 교회 안에서의 봉사가 소중한 것이다. 오순절 마가 다락방에 모인 120명의 성도들이 다같이 성령의 역사를 경험한 것처럼, 우리가 출석하고 있는 교회 구성원 모두가 다같이 열심을 내고, 함께 열정적으로 찬양하고, 기도하고, 예배드리고, 말씀 듣고, 봉사함으로 말미암아 모두 다 예수님의 넓고, 크고, 높고, 깊은 사랑을 깨닫는 역사가 일어나기를 두 손 모아 기도한다.

Chapter 9

아홉 번째 바울의 기도

성령의 인격으로 변화되고, 은사를 받게 하소서!

"

에베소서 3장 19절

하나님의 모든 충만하신 것으로

너희에게 충만하게 하시기를

구하노라

"

> 하나님의 모든 충만하신 것으로
>
> 너희에게 충만하게 하시기를
>
> 구하노라
>
> 에베소서 3장 19절

하나님을 믿는 자들은 하나님의 충만을 맛보는 경험을 해야 한다. 그래야 하나님 믿는 진짜 맛을 알 수 있다. 하나님의 충만은 하나님 안에 있는 인격과 은사를 내 삶에서 경험하는 것이다.

우리 안에 하나님으로 충만한 것을 다른 말로 '성령 충만'이라고 한다. 위의 장에서도 언급했지만, 세상적인 생각, 세상적인 가치가 줄어들면, 우리 안에 성령님의 영역이 넓어진다. 성령님의 영역을 넓혀서 우리 안에 가득 차게 만드는 것이 바로 '성령충만'이다. 성령충만하면, 성령의 9가지 열매들-사랑, 희락, 화평, 오래참음, 자비, 양선, 충성, 온유, 절제-이 우리 안에 맺혀진다. 이 성령의 9가지 열매는 바로 하나님의 성품이다. 이러한 놀라운 하나님의 성품을 내가 받을 수 있는 것이다. 하나님이 내 안에 충만하게 거하시니 당연한 것 아니겠는가! 놀라운 것은 이 9가지 인격들은 성령충만하면 동시 다발적으로 맺혀지는 것이다. 어떤 사람은 이렇게 결심한다.

"나는 9가지 열매 중에 화평, 오래참음, 양선이 부족한 것 같아. 이제부터는 이 세 가지 열매를 더 맺기 위해 노력해야지!"

신앙적인 결단은 기특하지만, 잘못된 결단이다. 성령의 9가지 열매는 함께 맺혀진다. 쉬운 예로 수련회나 말씀집회에 참여해서 뜨겁게 성령충만함을 받았을 때를 생각해봐라. 그 때는 분명 내 마음 속에 사랑, 희락,

화평, 오래참음, 자비, 양선, 충성, 온유, 절제가 다 존재했다. 사랑하는데, 화평의 반대인 분노가 치밀고, 온유가 사라질 수는 없는 것이다. 그리고 이 열매들은 노력을 통해 하나하나 맺혀지는 것이 아니라, 성령충만할 때 자연스럽게 하나님께서 내 마음을 바꾸시며 맺혀지는 것이다. 그래서 우리의 인격이 하나님께서 기뻐하시는 인격이 되기 위해, 이 세상 사람들에게 빛과 소금의 역할을 감당하기 위해, 예수님의 제자로서 온전한 인격을 가지고 살기 위해 성령충만함을 간구해야 한다.

그리고 성령충만하면 우리 안에 성령님의 능력이 나타난다. 그 능력이 바로 은사이다. 성령님의 능력은 정말 무궁무진하다. 하나님께서는 그 능력을 우리에게 허락해주신다. 성령님의 능력이 무궁하시기에 은사도 다양하다. 누가복음 11장 13절에서 예수님께서 약속해주셨다.

"너희가 악할지라도 좋은 것을 자식에게 줄 줄 알거든 하물며 너희 하늘 아버지께서 구하는 자에게 성령을 주시지 않겠느냐"

성령의 은사를 위해 간구하라! 그러나 중요한 것은 성령의 은사는 그 은사를 통해 하나님께 영광을 돌리고, 그 은사를 통해 하나님의 일을 하라고 주신다는 것이다. 그래서 우리는 또한 성령의 은사를 통해 하나님의 일을 어떻게 구체적으로 감당할 수 있을지를 기도하고, 부지런히 생각해야 한다.

하나님의 영광과 하나님의 교회를 위해 충성을 다하기로 결심하고, 구체적인 결단을 하면, 하나님께서는 우리에게 성령의 은사를 주신다. 다시 강조하지만, 성령의 은사는 하나님의 일을 하라고 주시는 것이다. 절대로 그것은 자기 유익을 위해서, 자기욕심을 채우라고 주시는 것이 아니다. 성령의 은사가 많다고 자랑하거나 우쭐대는 사람은 성령의 은사를 잘못 받은 것이다. 하나님을 향한 철저한 순종과 충성의 마음, 복음전파를 위해서 철저하게 희생하고 봉사하고자 하는 확신과 의지가 있을 때 성령의 은사를 받을 자격이 있는 것이다. 따라서 우리는 그 자격을 갖추기 위해서도 간절히 기도해야 한다.

성령의 은사를 사모하고 간절히 간구하자. 성령님은 사모하는 곳에 충만하게 임하신다. 왜냐하면 성령님은 인격적인 분이시기 때문이다.

우리는 성령님을 기쁘게 맞아들여야 한다. 마음 문을 활짝 열어야 한다. 그래야 성령님께서 충만하게 우리 안에 역사하신다. 구체적으로 우리는 어떤 성령의 은사들이 있는지 제대로 알고, 내게 필요한 은사를 찾고, 구체적으로 그 은사를 사모하고, 그 은사를 얻기 위해 간절히 하나님께 매달리며 기도해야 한다.

성령의 은사가 구체적으로 나오는 곳은 로마서 12장과 고린도전서 12장이다.

먼저 로마서 12장 6~8절에 나온 성령의 은사를 알

아보자.

"우리에게 주신 은혜대로 받은 은사가 각각 다르니 혹 예언이면 믿음의 분수대로, 혹 섬기는 일이면 섬기는 일로, 혹 가르치는 자면 가르치는 일로, 혹 위로하는 자면 위로하는 일로, 구제하는 자는 성실함으로, 다스리는 자는 부지런함으로, 긍휼을 베푸는 자는 즐거움으로 할 것이니라"

로마서 12장에 나오는 성령의 은사는 예언, 섬기는 일, 가르치는 일, 위로하는 일, 구제하는 일, 다스리는 일, 긍휼을 베푸는 일이다. 예언을 은사로 받은 자는 믿음의 분수대로, 섬김의 은사를 받은 자는 섬기는 일로, 가르침의 은사를 받은 자는 가르치는 일로, 위로함의 은사를 받은 자는 위로하는 일로, 구제하는 은사를 받은 자는 성실함으로, 다스림의 은사를 받은 자는 부지런함으로, 긍휼 베품의 은사를 받은 자는 즐거움으로 하라는 것이다.

첫째, 예언을 은사로 받은 자는 믿음의 분수대로 해야 한다. '믿음의 분수대로'는 '믿음을 따라서'라는 뜻이다. 하나님을 향한 믿음이 수반되지 않은 예언은 아무 가치가 없고, 이 예언이 하나님으로부터 온 예언인지 아닌지에 대해 구체적으로 입증할 방법이 없게 된다.

둘째, 섬김의 은사를 받은 자는 섬기는 일로 해야 한다. 여기서 섬기는 일은 '디아코니아'라는 동사에서 파생된 말로 '사랑에 근거한 섬김의 수행'을 의미한다. 이것은 구체적인 행동을 필요로 한다. 즉, 섬김을 받아야 하는 어려운 자들의 실제적인 필요를 채워줄 수 있어야 한다는 것이다.

셋째, 가르침의 은사를 받은 자는 가르치는 일로 해야 한다. 가르치는 일은 단순한 말의 기술이 아니다. 여기서 말하는 가르침의 은사는 성령의 도우심을 받아 삶 속에서 우러나오는 가르침, 즉, 내가 가르치는 것을 실천하고 나서 가르치는, 삶과 분리되지 않은 가르침을 의미한다. 교사가 자신이 가르친 내용대로 살지 않는다면 그 가르침은 아무 소용이 없을 것이다. 또한, 목회자가 자신의 삶 속에서 실천하지 않는 설교를 하고 말씀을 가르친다면, 그 설교와 가르침은 정직성이나 파워 있는 설교와 가르침이 되지 못할 것이다. 부모도 마찬가지이다. 자신이 실천하고 있는 것을 아이들에게 가르쳐야지, 자신은 실천하지 못하는 것을 아이에게 강요한다면 논리성이 있는 가르침이라고 볼 수 없다.

넷째, 위로함의 은사를 받은 자는 위로하는 일을 해야 한다. 다른 사람의 어려움과 아픔을 잘 이해해주고, 공감해주며, 진심으로 위로하는 사람이 있는데 그 사람은 위로함의 은사를 가지고 있으며, 상담자의 자질을 갖추고 있는 사람이다. 이런 은사를 받은 자는 고난과 어려움으로 인해 믿음이 약해지거나 힘들어하는 자들이 있으면, 그들을 권면하고 위로해야 한다.

다섯째, 구제하는 은사를 받은 자는 성실함으로 해야 한다. 구제하는 것은 궁핍한 자를 물질적으로 돕는 일을 가리킨다. 즉, 이 은사를 받은 자는 물질적인 축복을 받은 자들이다. 이들은 가진 것이 많다고 우쭐거리는 것이 아니라, 성실함으로 이 은사를 사용해야 한다. 즉, 순수한 마음으로 후하게 주어야 한다는 것이다.

성경에 나오지는 않지만, 이 은사를 좀 다른 각도로 보면 돈을 많이 버는 것도 은사에 준하는 재능이라 볼 수도 있지 않을까? 그러나 그 번 돈으로 자신만 잘 먹고 잘 살라는 것이 아니다. 돈을 많이 버는 재능은 어려운 사람을 성실함으로 구제하기 위한 은사를 부여해주시기 위해 수단으로서 주신 재능이나. 돈을 많이 버는 그리스도인은 구제의 은사를 받은 사람임을 자각하면서 구제의 사명을 감당해야 한다.

물론 넉넉한 형편이 아니어도 궁핍한 자를 도울 수 있다. 그 돕는 손길은 더욱 귀중한 손길이다. 하나님께서는 이와 같은 손길을 귀히 여기시며 우리의 삶의 필요들을 채워 주실 것이다.

여섯째, 다스림의 은사를 받은 자는 부지런함으로 해야 한다. 여기서 다스림의 은사를 받은 자는 교회 안에 있는 리더들, 지도자들을 의미한다. 남 앞에 리더로 서며 리더십을 발휘하는 자들은 부지런함으로 남들의 모범이 되어 깨어 있어야 한다. 리더가 나태에 빠지면, 사단이 교회를 공격하도록 방치해 두는 것과 같게 되는 것이다.

일곱째, 긍휼을 베풂의 은사를 받은 자는 즐거움으로 해야 한다. 긍휼을 베푸는 것은 자비를 베푸는 것을 의미한다. 자비를 베푸는 가장 극적인 모습은 바로 용서를 실천하는 것이다. 용서는 긍휼이 있어야만 가능하다. 긍휼이 없는 용서는 피상적인 용서일 수밖에 없고, 아픔과 상처, 앙금이 마음 속에 남아있게 된다. 즉, 진정한 용서가 절대 이루어질 수 없다. 그러나 긍휼의 마음이 있을 때, 사람을 불쌍히 여길 줄 알게 되면서 나에게 해를 끼친 사람도 받아줄 수 있게 되는 것이다.

남을 용서해주고, 받아줄 때는 즐거움으로 해야 한다. 의무적으로, 또는 울며 겨자먹기로 억지로 하는 것이 아니다. 우리 예수님께서는 우리를 용서해 주실 때 즐거움으로 하셨다. 히브리서 12장 2절에는 다음과 같이 나와 있다.

"믿음의 주요 또 온전하게 하시는 이인 예수를 바라보자 그는 그 앞에 있는 기쁨을 위하여 십자가를 참으사 부끄러움을 개의치 아니하시더니 하나님 보좌 우편에 앉으셨느니라"

여기까지가 로마서 12장에 나오는 성령의 은사 7가지였다.

다음으로 고린도전서 12장 8~10절에 나오는 성령의 9가지 은사를 살펴보겠다.

"어떤 사람에게는 성령으로 말미암아 지혜의 말씀을, 어떤 사람에게는 같은 성령을 따라 지식의 말씀을, 다른 사람에게는 같은 성령으로 믿음을, 어떤 사람에게는 한 성령으로 병 고치는 은사를, 어떤 사람에게는 능력 행함을, 어떤 사람에게는 예언함을, 어떤 사람에게는 영들 분별함을, 다른 사람에게는 각종 방언 말함을, 어떤 사람에게는 방언들 통역함을 주시나니"

고린도전서 12장에 나오는 은사 9가지는 지혜의 말씀, 지식의 말씀, 믿음, 신유, 능력행함, 예언, 영들 분별, 방언 말함, 방언 통역의 은사이다.

첫째, 지혜의 말씀은 주로 윤리적인 교훈과 권면으로 이루어진 실제적인 말씀을 의미한다. 쉽게 설교라고 말할 수 있다. 설교를 잘 하는 것도 은사이다. 이 은사는 목회자들에게만 필요한 것이 아니다. 평신도도 일반인에게 말씀을 전하기 위해서는 지혜의 말씀에 대한 은사가 있어야 한다.

둘째, 지식의 말씀은 그리스도적 진리에 대한 해설을 말하는 것이다. 쉽게 말하면, 신학적 지식을 의미한다. 체계적인 주님의 사역을 위해서, 기독교의 진리를 논리적으로 설명하기 위해서는 지식의 말씀 즉, 신학적인 지식, 교리적인 지식을 갖추어야 한다. 따라서 이 은사에 대한 사모함이 필요하다.

셋째, 믿음의 은사는 잘 믿고, 신뢰하는 것을 의미한다. 믿음도 은사가 될 수 있다. 정말 하나님이 잘 믿어지고, 성경을 읽어도 의심 없이 잘 믿어지는 것은 하나님께서 주신 놀라운 은사이다. 또한 다른 사람의 말을 잘 들어주고, 다른 사람을 온전히 신뢰하고 믿어주는 것도 이 은사를 가진 사람들에게서 나타나는 모습이다.

넷째, 병을 고치는 은사는 신유의 은사를 말한다. 신유의 은사와 같은 신비적인 은사에 대한 사모함도 필요하다. 그러나 다시 한 번 강조하지만, 절대로 자신의 유익을 위해서가 아니라 복음 전파를 위해서이다. 이 목적이 확실하다면, 이와 같은 신비적인 은사에 대한 사모함도 강력하게 요구된다. 사도행전 8장에 보면, 사도들이 사마리아 성에 내려가서 병 고치는 은사를 행하는데, 그 성에 시몬이라는 자가 그 은사를 돈으로 사려고 하다가 사도들에게 저주를 받는다. 이 무서운 말씀을 꼭 기억하면서 이 은사에 대한 올바른 사모함을 가져야 한다.

다섯째, 능력을 행하는 은사로서, 다양한 재능을 발휘하는 것을 의미한다. 다양한 재능에는 여러 가지가 있다. 악기를 잘 다루는 일, 운전을 잘하는 일, 각종 공구를 잘 다루는 일, 서류를 잘 만드는 일 등이다. 그러나 나는 이 능력을 문자 그대로 물리적인 힘을 발휘하는 은사로 보아도 큰 의미가 있다고 생각한다. 이것은 내 해석일 뿐이니 참고만 하기 바란다. 왜냐하면 주님의 교회를 위해서는 물리적인 힘의 은사를 받은 자들이 필요하기 때문이다. 물리적으로 힘센 사람은 교회 봉사를 위해 정말 필요하다. 교회 일을 하다보면, 짐을 날라야 할 일, 의자와 강대상을 옮겨야 할 일, 무거운 악기를 옮겨야 할 일 등등이 너무나 많이 있다. 물리적으로 힘센 사람은 그 힘을 은사로 알고, 주님의 교회를 위해 몸 바쳐 봉사할 수 있어야 한다.

여섯째, 예언의 은사로서, 미래에 대해 예견하는 것을 의미한다. 미래의 불확실성으로 인해 시험에 든 자, 믿음의 길에서 벗어난 자를 이끌기 위해 이 은사는 필요하다. 이와 같은 신비한 은사는 절대로 나의 유익과 높아짐을 위한 것이 아니다. 나의 이기심을 위해 예언의 은사를 간구하는 자들에게 하나님께서는 절대로 이 은사를 주시지 않을 것이다. 신비적인 은사를 받은 사람일수록 더 자기 자신을 낮추고, 하나님만 드러나게 하기 위해 노력해야 한다. 그렇지 않으면, 자신의 능력인양 착각하게 되는 무서운 죄를 짓게 되는 결과를 초래한다.

일곱째, 영들을 분별하는 은사로서, 하나님으로부터 온 영인지 사단으로부터 온 영인지를 구별하는 신비적인 은사를 의미한다. 세상은 점점 어두워지며, 사단은 활발하게 활동하고 있다. 심지어 주님의 교회에도 침투하며, 이단과 사이비를 통해 역사하고 있다. 이럴 때 영들을 분별하는 은사를 가진 자들이 주님의 교회를 바로 일으켜 세울 책임이 있는 것이다. 이단과 사이비를 제대로 분별할 수 있어야 한다.

여덟째, 각종 방언을 말하는 은사이고, 아홉째는 각종 방언을 통역하는 은사로서, 다른 나라 말을 하고, 통역할 줄 아는 신비한 은사를 의미한다. 방언은 천사의 방언과 세상 사람들이 쓰는 언어 모두를 포함한다. 천사의 방언은 깊이 있는 하나님과의 교제를 위해서 필요한 은사이다. 세상 방언의 은사를 주시는 목적은 선교를 하라는 것이다. 받은 언어로 그 언어가 쓰여지는 나라로 가서 예수님의 복음을 전하라는 것이다. 기도 시간에 방언을 하면서 자기 자신이 신비적인 은사를 받았다고 자랑하라는 것이 아니라, 그 방언을 가지고 선교하라는 것이다. 그러기 위해서는 방언을 통역하는 은사도 필요한 것이다. 그래서 방언을 말하는 자들은 방언통역을 위해 기도해야 하는 것이다.

이 아홉 가지 은사가 고린도전서 12장에 나온다. 이 모든 은사는 여러분이 골라서 사모하며 간구할 수 있다. 왜냐하면 다 똑같은 수준과 가치가 있는 은사이기 때문이다. 그러나 옵션이 아닌, 필수적으로 사모하고 간구해야 할 한 가지 은사가 더 있다. 그 은사는 바로 고린도전서 13장에 나오는 사랑의 은사이다. 고린도전서 12장 31절을 보면, 사도바울이 다음과 같이 말한다.

"너희는 더욱 큰 은사를 사모하라 내가 또한 가장 좋은 길을 너희에게 보이리라"

그 큰 은사는 바로 사랑의 은사이다.

고린도전서 13장 1~3절은 지금까지 가르쳐준 방언, 예언, 구제, 긍휼, 베품 등등과 같은 성령의 은사들을 가지고 있어도 사랑이 없으면 아무 유익도 없고, 아무 의미도 없다는 것을 가르쳐주고 있다. 사랑의 은사는 모든 은사보다 뛰어나고 큰 은사이고, 모든 믿는 자들이 필수사항으로 사모하고, 간구하여 얻어야 하는 가장 중요한 은사이다.

요한1서 4장 8절에 보면,

"하나님은 사랑이심이라"

고 나와 있다. 하나님은 사랑의 원천이며, 근원이시기 때문에 하나님의 영인 성령님께서 가장 중시하시는 것도 바로 사랑이다. 하나님은 하나님을 믿는 자 모두가 하나님을 닮아서 원수까지도 사랑할 수 있는 사랑의 사람들이 되기를 원하신다.

우리 모두 사랑의 은사를 사모하고, 간구함으로 말미암아 삶 속에서 하나님의 놀라운 사랑을 받게 되는 역사가 일어나기를 간절히 소망한다. 아멘.

지금까지 사도바울이 말한 은사에 대해 알아 보았는데, 이 은사들 중에 교회의 유익을 위해, 복음 전파를 위해, 다른 사람의 필요를 채워주기 위해 필요한 은사를 찾아내서 하나님께 간구하고, 또 간구해서 충만히 얻기를 소망한다. 물론 이 중에 사랑의 은사는 모든 자에게 필수사항임을 절대 잊어서는 안 된다. 성령께서 우리 안에 충만하고, 성령의 은사, 능력이 우리 안에 있게 되면, 우리는 하나님의 나라와 영광을 위해 충성을 다하는 멋진 군사가 될 것이다. 성령충만함으로 하나님의 성품이 내 안에서 맺혀지며, 성령의 은사를 받음으로 능력있는 하나님의 일꾼으로 세워지기 위해 우리 모두 간절한 마음으로 하나님께 부르짖어 간구하자!

Chapter 10

열 번째 바울의 기도

하나님을 100% 신뢰하게 하소서!

"

에베소서 3장 20절

우리 가운데서 역사하시는 능력대로

우리가 구하거나 생각하는 모든 것에

더 넘치도록 능히 하실 이에게

"

> 우리 가운데서 역사하시는 능력대로
> 우리가 구하거나 생각하는 모든 것에
> 더 넘치도록 능히 하실 이에게
> 에베소서 3장 20절

하나님의 능력은 얼마나 될까? 하나님의 능력은 창세기 1장 1절에서 가장 정확하게 나온다.

"태초에 하나님이 천지를 창조하시니라"

태초에는 아무 것도 없었다. '카오스'의 상태였다. 철학적으로 말하면 '無'의 상태였다. 아무 것도 없는

無의 상태에서 하나님은 말씀으로 천지를 창조하셨다. 창세기 1장을 보면, "하나님이 가라사대"라는 구절이 반복적으로 나온다. 하나님께서 말씀하셨다는 의미이다. 하나님께서 말씀하시니까 빛도 생기고, 바다도 생기고, 식물도 생기고, 동물도 생기고, 우리 인간도 생기게 된 것이다. 하나님은 행동 없이 말씀만 가지고 모든 것을 만드실 수 있는 전능하신 하나님이시다. 불가능을 가능케 하시는 분이 바로 우리의 하나님이시다.

내가 좋아하는 찬양 중에 '전능하신 나의 하나님'이라는 찬양이 있다. 그 찬양의 가사는 다음과 같다.

> 전능하신 나의 주 하나님은
> 능치 못하실 일 전혀 없네.
> 우리의 모든 간구도 우리의 모든 생각도
> 우리의 모든 꿈과 모든 소망도.

신실하신 나의 주 하나님은
우리의 모든 괴로움 바꿀 수 있네.
불가능한 일 행하시고 죽은 자를 일으키시니
그를 이길 자 아무도 없네.
주의 말씀 의지하여 깊은 곳에 그물 던져
오늘 그가 놀라운 일을 이루시는 것을 보라.
주의 말씀 의지하여 믿음으로 그물 던져
믿는 자에게 능치 못함 없네.

할렐루야! 하나님은 전능하신 분이시다. 성경은 전능하신 나의 주 하나님을 전제한다. 창세기 1장 1절은 전능하신 하나님을 나타내는 성경의 서문이자 전제이다. 전능하신 하나님께서 주인되시는 책이 바로 성경이라는 것이다.

그럼, 하나님은 얼마나 나를 잘 알고 계실까?

나를 가장 잘 아는 사람은 나 자신이 아니다. 나를 가장 잘 아는 분은 바로 나를 지으신 하나님이시다.

마태복음 10장 29절에 다음과 같이 나와 있다.

"참새 두 마리가 한 앗사리온에 팔리지 않느냐 그러나 너희 아버지께서 허락하지 아니하시면 그 하나도 땅에 떨어지지 아니하리라 너희에게는 머리털까지 다 세신 바 되었나니 두려워하지 말라 너희는 많은 참새보다 귀하니라"

하늘에 나는 참새조차도 하나님께서 허락하지 아니하시면, 땅에 떨어지지 않는다고 한다. 또한, 하나님은 우리의 머리털 개수가 얼마나 되는지를 알고 계신다고 한다. 자기의 머리털 개수가 몇 개인지 아는 사람이 있을까? 이 지구상에 아무도 없을 것이다. 어떤 사람이 마음 먹고 머리털 개수를 센다면 머리털 개수를 세다가 머리털이 다 빠질 것이다.

하나님은 나의 모든 것을 아시는 분이시다. 내가 무

엇이 필요한지, 나의 상황이 어떠한지, 내가 원하는 미래가 무엇인지 다 알고 계신다.

이처럼 우리 하나님은 모든 것을 가능하게 하시는 전능의 하나님이고, 모든 것을 아시는 전지의 하나님이시기에 우리는 하나님을 신뢰하는 것이다.

하나님을 믿는다는 것은 무엇을 의미하는가? 하나님을 믿는다는 것은 내 생각이 아니라, 하나님의 생각을 신뢰한다는 것이다. 하나님을 믿는다는 것은 내 판단이 아니라, 하나님의 판단, 하나님의 결정을 신뢰한다는 것이다. 하나님을 믿는다는 것은 내 방법이 아니라, 하나님의 방법을 신뢰한다는 것이다. 하나님을 믿는다는 것은 내 욕심이 아니라, 하나님이 나에게 내려주시는 것을 더 신뢰하고, 인정하는 것이다.

성경에 나오는 하나님께서 쓰신 인물들의 공통점은 "나의 상황, 주변의 상황과 관계없이 변함없이 하나님을 신뢰했다"는 것이다.

믿음의 조상 아브라함은 100세가 다 되도록 자식이

없었다. 이 정도 되면 하나님께서 아이를 주실 것이라는 믿음을 포기할 수 밖에 없고, 하나님을 향한 신뢰가 떨어질 만한데도, 아브라함은 자신은 아이를 낳을 수 없는 할아버지라는 한계상황을 뛰어넘고 끝까지 하나님을 신뢰해서 아들 이삭을 낳았다.

그래서 창세기 15장 6절에서 성경은 이렇게 기록하고 있다.

> "아브람이 여호와를 믿으니 여호와께서 이를 그의 의로 여기시고"

용서의 사람 요셉도 마찬가지이다. 요셉은 너무 잘나고, 꿈 꾼 것을 말한 것 밖에 없는데, 형제들의 미움을 받고 이집트에 종으로 팔려간다. 이쯤 되면 하나님을 향한 신뢰가 떨어질 만도 한데 요셉은 자신의 상황과 관계없이 변함없는 하나님을 향한 신뢰를 갖는다. 그래서 보디발의 집에서 종으로 성실하게 잘 사는데,

이번에는 보디발 주인의 아내가 자신을 유혹해서 이것을 이겨내다가 누명을 쓰고 억울하게 감옥에 간다. 이쯤되면 하나님을 향한 신뢰가 바닥에 떨어져야 하는데, 그의 신앙은 변함없이 더욱 하나님을 신뢰한다. 결국 감옥에서도 인정을 받고 왕의 신하들에게 꿈해몽을 잘 해서 나중에 그 신하에 의해 바로의 꿈을 해석하게 되고 이집트의 총리가 되는 영광을 누리게 되는 것이다. 우리는 요셉이 이집트의 총리가 된 결과에만 주목하는 경향이 있는데, 요셉의 고난의 일생을 보아야 한다. 그리고 그 가운데 변함없이 하나님을 신뢰하는 참된 신앙의 모습을 보아야 한다.

하나님으로부터 내 마음에 합한 자라는 칭호를 받은 다윗은 어떠했는가? 다윗은 인생 중간에 큰 잘못을 저지른다. 그러다가 나단 선지자로부터 강한 지적을 받았다. 그 때 다윗은 변명하지 않고, 하나님께 큰 죄를 범했다고 고백하며 울면서 철저하게 회개한다. 다윗이 하나님의 사랑을 받은 것은 그가 죄를 짓지 않아서가 아니다. 실수를 저지르기는 했지만, 변함없이 하나님을 신뢰했다는 것이다. 시편 51편 11-12절의 다윗의 고백을 보면, 얼마나 그가 하나님을 붙잡으려 했는지를 알 수 있다.

"나를 주 앞에서 쫓아내지 마시며 주의 성령을 내게서 거두지 마소서 주의 구원의 즐거움을 내게 회복시켜 주시고 자원하는 심령을 주사 나를 붙드소서"

내가 좋아하는 선지자 중에 하박국이 있다. 하박국이 쓴 하박국서는 하나님께 대한 질문과 답변으로 이루어져 있다. 하박국은 이스라엘에 악이 판을 치는 것을 못 견디면서 하나님께 질문을 하는데 하나님께서는 바벨론을 보내서 이스라엘을 벌 내리시겠다고 답변하신다. 그러니까 하박국은 "이스라엘과는 비교도 할 수 없이 훨씬 더 나쁜 바벨론을 통해 우리 민족에게 벌을 내리시는 것이 정당합니까? 정당하지 않습니다. 이것은 불공정한 처사입니다."라고 하나님께 불평의 질문을 던진다. 그랬더니 하나님께서 하박국에게 답변하신 내용이 바로 하박국 2장 4절이다.

"의인은 그의 믿음으로 말미암아 살리라"

의인은 하나님을 향한 신실함을 믿는 믿음으로 사는 것이다. 우리가 해석하지 못할 일이 우리의 인생 가운데 얼마나 많은가? 우리의 머리로 이해 못할 일이 얼마나 많은가? 그 때 우리가 가져야 할 것은 하나님의 신실하심에 대한 믿음이다.

"전지전능하신 하나님이 계획하시는 것이 가장 옳아! 하나님이 가장 완벽하고, 가장 정의로운 분이셔. 하나님이 하시는 일이 진리인 것이야."

우리도 상황과 여건, 우리 자신의 판단과 관계없이 언제나 하나님을 신뢰해야 한다. 따라서 우리는 기도

할 때, 하나님을 향한 무한신뢰를 표현하는 기도를 올려드려야 한다. 이번 장의 기도가 바로 그 기도의 내용을 담고 있다.

"우리 가운데서 역사하시는 능력대로 우리가 구하거나 생각하는 모든 것에 더 넘치도록 능히 하실 이에게"

"하나님은 모든 것을 가능하게 하시는 전능하신 분이십니다. 하나님은 나보다도 더 나를 잘 아시는 전지적인 분이십니다. 그 하나님께서 나에게 역사하십니다. 저는 하나님을 신뢰합니다. 저의 부족한 판단이 아니라 하나님의 완벽한 판단을 신뢰합니다. 제 간구가 이루어지지 않아도 더 좋은 것, 저에게 맞는 것을 채워주실 하나님을 믿고 의지합니다. 제가 생각하는 것보다 더 정확한 생각을 가지신 하나님의 지혜를 신뢰합니다. 제가 생각하는 것보다 더 크고, 좋은 것, 완전한 것을 채워주실 하나님을 신뢰하고, 의지합니다."

이와 같은 기도를 드린다면, 하나님께서 감격하셔서 우실 것 같다. 하나님께서 달려오셔서 안아주실 것 같다.

보통의 아이는 백화점에 가면, 부모님께 장난감을 사 달라고 떼를 쓰고, 울고 불고 난리를 친다. 그러면, 부모님은 장난감을 안 사준다. 그러면, 또 아이는 백화점 바닥에 앉아서 큰 소리를 내면서 운다. 부모님도 피곤하고, 아이도 우느라 피곤하다. 부모님이 장난감을 사 주면, 아이는 기분이 좋을지 몰라도, 부모는 계속 기분이 좋지 않다. 이 모습이 바로 나의 어릴 직 모습이다.

그런데 이런 아이가 있다고 생각해보자. 어떤 아이인가하면, 부모님을 신뢰하는 아이이다. 이 아이가 부모님과 함께 백화점에 갔는데, 자신이 가지고 싶어하는 장난감을 발견한 것이다. 그리고 부모님께 말한다.

"저는 이 장난감이 가지고 싶어요."

그러자 부모님은 이렇게 말씀하신다.

"우리가 보기에 이 장난감은 너에게 어울리는 것 같지 않구나. 너는 파란색을 좋아하는데, 이 장난감은 빨간색이지 않니? 이 장난감을 사면 조금 시간이 지나서 싫증을 낼 것 같은데. 다음 번에 와서 너에게 맞는 장난감을 샀으면 좋겠다."

부모님의 말씀에 이 아이는 다음과 같이 말한다.

"잘 알겠어요. 저는 저의 판단보다 부모님의 판단을 더 신뢰해요. 저의 생각보다 부모님의 깊은 생각을 더 인정해요. 부모님은 저를 낳으신 분이시니 저보다 더 저를 잘 아시잖아요. 오늘 장난감을 못 사도 괜찮아요. 다음 번에 저에게 맞는 더 좋은 장난감을 사 주실 것을 믿으니까요."

우리가 이런 아이의 부모라면 이 아이를 어떻게 해 주고 싶을까? 나라면, 안아주면서 뽀뽀 천 번도 더 해 주었을 것이다. 그리고 이 아이가 진짜 좋아할만하고, 이 아이에게 적합한 아주 좋은 장난감을 사 주었을 것이다.

하나님께서 기뻐하시는 신앙에 대해 궁금하면, 부모님과 자식 간의 관계를 생각해보면 된다. 그러면 쉽게 답이 나올 것이다.

찬양 중에 '그리 아니하실지라도'라는 찬양이 있다.

그리 아니하실지라도 감사해요.
주님 뜻을 믿기 때문이죠.
그리 아니하실지라도 사랑해요.
합력해서 선을 이루어요.
언제나 나를 향한 신실한 사랑.

우리를 향한 그 크신 사랑.

우리가 함께 높이며 주를 찬양해.

할렐루야 하나님께 영광!

이 찬양의 성경적인 배경은 바로 다니엘 3장이다.

다니엘의 세 친구 사드락, 메삭, 아벳느고는 느부갓네살 왕이 세운 신상에 절을 하지 않아서 잡혀왔다. 느부갓네살 왕이 노하고 분한 가운데서 다니엘의 세 친구에게 말했다.

"너희는 어찌하여 내가 세운 금 신상에 절하지 아니하였느냐? 지금이라도 절을 하면 내가 용서해 주겠지만 만약에 거부한다면 맹렬히 타는 풀무불에 던져질 것이다."

그러자 다니엘의 세 친구는 믿음으로 다음과 같은 고백을 한다.

"왕이여 우리가 섬기는 하나님이 계시다면 우리를 맹렬히 타는 풀무불 가운데에서 능히 건져내시겠고 왕의 손에서도 건져내시리이다 그렇게 하지 아니하실지라도 왕이여 우리가 왕의 신들을 섬기지도 아니하고 왕이 세우신 금 신상에게 절하지도 아니할 줄을 아옵소서" (다니엘 3장 17~18절)

다니엘의 세 친구는 '그리 아니하실지라도'의 신앙을 가지고 있었다. 하나님께서 우리를 지켜주실 것이고, 풀무불에서 건져주실 것이다. 그러나 그리 아니하실지라도 우리는 하나님의 말씀을 지킬 것이고, 하나님께서 더 좋은 길로 우리를 인도해 주실 것이라고 믿었다.

우리는 다니엘의 세 친구와 같은 믿음을 가졌으면 좋겠다. 다니엘의 세 친구와 같이 하나님을 향한 100%의 신뢰로 가득하면 좋겠다. 하나님께서는 세 친구의 모습에 감동하셔서 풀무불에 직접 들어오신다. 그리고 다니엘의 세 친구를 감싸 보호하신다. 이런 모습을 보며 느부갓네살 왕은 이렇게 말한다.

"왕이 또 말하여 이르되 내가 보니 결박되지 아니한 네 사람이 불 가운데로 다니는데 상하지도 아니하였고 그 넷째의 모양은 신들의 아들과 같도다 하고" (다니엘 3장 25절)

'신들의 아들'을 직역하면 누구인가? 천사로 해석할 수도 있지만, 예수님으로도 해석할 수 있는 것이다.

'그리 아니하실지라도'의 신앙, '하나님을 100% 신뢰하는 신앙', '상황과 여건과 관계없이 하나님의 신실하심에 대해 확고히 믿는 신앙'을 가지면, 하나님께서 감동받으신다. 그리고 우리가 더 감동받을 수 없을 정도의 크나큰 감동으로 보답해주신다.

나도 부족하지만 이러한 신앙으로 살아가려고 노력하고 있다. 내가 간구한 대로 안 이루어져도 더 좋은 것을 채워주실 하나님을 기대한다. 내 생각보다 더 크신, 더 위대하신 생각을 가지신 하나님을 신뢰한다. 그래서 하나님의 때에 더 좋은 것을 받는 것을 항상 경험한다.

군대를 다녀온 사람이라면 군대에서의 교회를 잘 알 것이다. 군대교회는 열악한 면이 참으로 많다. 작은 부대교회에 가면 악기도 제대로 갖추어져 있지 않고, 또한 비품도 좋지 않다. 내가 공군군목으로 사역하던 우리 교회도 그러했다. 그 때 우리 교회에 가장 필요한 것은 빔 프로젝터였는데 프로젝터가 있어야 교육하기도 편하고, 좋은 영상도 많이 보여주어서 교육효과를 높일 수 있기 때문이다. 그래서 나는 하나님께 전심으로 기도했다.

"프로젝터가 필요합니다. 주님! 프로젝터 살 돈을 일부라도 주십시오."

그러나 기도를 열심히 해도 어느 곳에서도 헌금

은 들어오지 않았다. 그래도 나는 하나님을 신뢰하고 또 신뢰하며 기다렸다. 더 좋은 것으로 채워주실 하나님을 기대하며 지냈다.

그런데 어느 날 우리 교회에 찬양위문팀이 오게 되었는데 모든 위문 일정을 마치고, 위문팀을 데리고 오셨던 목사님께서 나에게

"이 교회는 프로젝터도 없어요?"

라고 물으셨다. 나는

"없습니다!"

라고 말씀드렸더니 그 목사님은

"그럼, 저희들이 가져온 이 프로젝터를 여기에 두고 가겠습니다. 잘 쓰셨으면 좋겠습니다. 제가 보니까 이 곳이 프로젝터가 정말 필요한 곳인 것 같아서요."

라고 말씀하셨다. 돈 모을 것도 없이 단 번에 좋

은 프로젝터를 공짜로 받은 것이다. 나는 하나님께 감사할 수밖에 없었고, 감격할 수밖에 없었다.

'그리 아니하실지라도'의 신앙을 가지고, 하나님을 100% 신뢰하고, 의지하면 하나님께서 우리에게 가장 맞는, 가장 좋은 것으로 채워주신다.

우리가 간구한 것을 당장 받지 못했다고, 기도응답이 안 되었다고, 하나님께 불평하며 원망하던 습관을 버려야 한다. 이 습관을 가지고 있는 것은 하나님을 향한 진실한 신뢰, 선적인 믿음이 없기 때문이다. 하나님을 향한 전적인 신뢰, 진실한 믿음의 회복이 필요하다.

우리도 하나님을 감동시킬 수 있다. 100%의 신뢰와 진실한 믿음을 하나님께 보여드려야 한다. 하나님께서 감동의 눈물을 흘리시며 우리에게 달려오셔서 그 넓은 품으로 우리를 꽉 안아 주실 것이다. 할렐루야!!

Chapter 11

열한 번째 바울의 기도

오직 하나님께 영광을 돌리는 삶을 살게 하소서!

"

에베소서 3장 21절

교회 안에서와 그리스도 예수 안에서

영광이 대대로 영원무궁하기를 원하노라

아멘

"

> 교회 안에서와 그리스도 예수 안에서
> 영광이 대대로 영원무궁하기를 원하노라
> 아멘
> 에베소서 3장 21절

우리는 누구나 '성공'하기를 원한다. 성공하기를 원하지 않는 사람은 이 세상에 아무도 없을 것이다. 왜냐하면 성공은 자신에게 돈이나 명예나 권력을 안겨주기 때문이다.

한국 사회에서 우리의 아이들은 좋은 대학을 가기 위해 노력한다. 여기서 "왜?"라는 질문을 던질 수 있다.

"왜 좋은 대학에 가려고 할까?"

아마도 이러한 답변이 나올 것이다.

"좋은 직장에 들어가기 위해서"

그럼 또 질문을 던질 수 있다.

"그럼 왜 좋은 직장에 들어가고 싶어?"

이 질문에 아마도 이러한 답변이 나올 것이다.

"사람들이 인정해주고, 돈을 잘 벌기 때문이지."

결국 성공하고 싶은 이유는 사람들이 인정해주고, 돈을 잘 벌기 때문이라는 결론이 나온다는 것이다. 물론 모든 사람이 다 이렇다고 말할 수는 없겠지만, 신앙인을 포함해서 많은 사람들이 이와 같은 굴레에서 벗어나지 못하고 있다.

나는 청소년, 청년 사역의 전문가로 꽤 오랜 시간 사역해왔다. 기독 청소년들, 기독 청년들과 대화해도 그들은 모두 세상 사람들과 별반 차이가 없는 성공을 추구하고 있다.

청소년, 청년들이 제일 가지고 싶은 직업은 CEO(최고경영자), 의사, 판·검사, 교육자이다. 이와 같은 직업은 다 근대 민주 자본주의 사회가 발달하면서 인기가 치솟은 직업들이다. CEO는 자본주의 사회에서나 의미 있는 것이고, 판·검사는 근대 민주주의의 발달과 더불어 인기 있게 된 것이고, 교육자는 근대 민주주의의 발달과 더불어 가정교육의 틀을 벗어나서 국가교육을 시행하게 되면서 필요하게 된 것이다. 의사는 근대 의학이 발달하면서 인기 있게 된 것은 말할 것도 없다.

시대에 따라 소위 인기 있는 직업이라고 부각되는 직업은 다 돈, 명예, 권력과 관계되어 있다. 안타까운 것은 하나님을 믿는 자녀들도 이 돈, 명예, 권력에서 자유하지 못하고 있다는 것이다. 여기에서 자유로워야 진정한 하나님의 가치를 붙잡고 사는 참된 크리스천이 되는 것이다.

하나님을 믿는 자들은 어떠한 직업을 가지겠다고 결심하는 게 중요한 것이 아니다. "그 직업을 가져서 뭐 할 것인데?"라는 질문을 던져야 하는 것이다. 의사, 판사, 검사, 최고경영자, 기술자, 공무원이 되는 것이 중요한 것이 아니다. 되어서 무엇을 할지가 중요한 것이다. 하나님을 믿는 자들은 어떠한 직업을 가지고, 어떠한 일을 하든지 간에 하나님의 영광을 위해서 살아야 하는 것이다. 돈을 많이 벌고, 명예를 얻고, 권력을 누리기 위해 일을 하는 것이 아니라, 하나님의 영광을 위해서, 하나님께 기쁨을 드리기 위해서 일을 하는 것이다.

따라서 직업, 진로, 인생의 방향을 정할 때 믿는 자들은 항상 이 질문을 자신에게 던져야 한다.

"무슨 일을 할 것인가?"

"그 일을 하면서 어떻게 구체적으로 나의 삶의 자리에서 하나님께 영광을 돌릴 것인가?"

이것은 꼭 청소년, 청년들에게만 해당되는 질문이 아니다. 우리의 인생 가운데서 계획하는 모든 일 가운데서 던져야 하는 질문이다.

이에 대한 명쾌한 답이 주어진다면 그 일이 반드시 해야 하는 일일 것이다. 그러나 반대로 이 질문을 던졌는데, 답이 떠오르지 않는다든가, 세상적인 가치와 욕심이 먼저 떠오른다면 그것은 하지 말아야 할 일일 확률이 매우 높다.

나는 하나님을 제대로 만나기 전까지 진로를 법조계에 두었다. 그리고 궁극적으로는 정치 쪽에 마음을 두고 있었다. 나는 법조인, 정치가가 되어 하나님의 영광을 위해서 살려고 한 것이 아니라, 높은 자리에 올라 사회적으로 인정받는 큰 명예를 얻고 싶었다. 나는 명예욕이 누구보다 강했다. 그래서 그 명예욕 때문에 그 진로를 생각했던 것이었다. 결국 하나님을 만나고 회개했고, 하나님께서 소명을 주셔서 지금 이 길로 나아올 수 있었던 것이다. 그러나 오해하지 말 것은 돈, 명예, 권력이 따라주는 길을 택하지 말라는 것이 아니다. 따라주면 더 좋은 것이지 나쁜 것이 아니다. 그러나 그것에 연연해하지 않고, 하나님의 영광을 위해 헌신할 수 있어야 한다는 것이다. 나의 경우에는 명예가 내 삶의 목적이었고, 그 직업을 가지고 싶은 이유였기 때문에 잘못되었다는 것이고, 하나님께서 원하시는 길이 아니었다는 것이다.

의사가 되어도, 최고경영자가 되어도, 평범한 직장인, 회사원이 되어도, 가정주부가 되어도, 자신이 서 있는 자리에서 하나님의 영광을 위해서 헌신하고, 그것이 우리가 하는 일의 목적이 되어야 하는 것이다. 사실 하나님은 우리가 어떤 직업을 갖느냐에 별 관심이 없으시다. 세상에서 큰 일을 하는 것을 하나님께서 원하시는 것도 아니다. 우리가 무슨 일을 하든지, 어느 곳에 가서 살든지 하나님의 영광을 위해 하나님께 충성된 모습으로 살아가는지에 대해 하나님은 깊은 관심을 가지고 계신다. 그리고 이렇게 사는 사람이 바로 하나님의 관점에서 잘 사는 사람이며, '성공'한 사람이다.

이번 장의 본문은 바울의 마지막 기도로서 우리의 삶 속에서 하나님께 영광을 돌리며 살 수 있기를 간구하는 기도이다.

"교회 안에서와 그리스도 예수 안에서 영광이 대대로 영원무궁하기를 원하노라"

'교회 안에서'보다 큰 개념이 '그리스도 예수 안에서'이다. 교회는 그리스도 예수 안에 있기 때문이다. 교회는 건물이 아니다. 예수 그리스도를 구주로 고백하는 믿는 자가 교회이다. 즉, 우리 자신이 교회이다. 고린도전서 3장 16절에는 우리 자신이 하나님의 성전임을 알려준다.

"너희는 너희가 하나님의 성전인 것과 하나님의 성령이 너희 안에 계시는 것을 알지 못하느냐"

따라서 이번 장의 바울의 기도는 예수 그리스도 안에 있는 우리에게 하나님의 영광이 가득히 임재하고, 그럼으로써 우리의 일, 우리의 삶 속에서 하나님의 영광을 드러낼 수 있기를 원하는 기도로써 우리 자신에게 적용할 수 있다.

그럼, 어떻게 해야 내 안에 하나님의 영광이 충만하고, 그 영광을 내 삶의 현장 가운데 드러내며 살 수 있을까?

계속 강조하지만, 예배의 자리가 회복되어야 한다.

예배는 하나님께 영광을 돌리는 자리이다. 그렇기 때문에 예배는 하나님의 영광이 충만한 놀라운 현장이다. 따라서 예배를 집중해서 잘 드리면 내 안에 하나님의 영광이 충만하게 임할 수 있다. 한 번, 한 번의 예배를 소중히 여기기 바라고, 한 번, 한 번의 설교말씀을 귀중히 여기면서 삶에 적용해야 한다.

예배에 대한 기대와 갈망이 있는가? 기대와 갈망이 있다면 그 신앙은 제대로 된 신앙이다. 만약 기대와 갈망이 없고, 귀찮고, 형식적으로 느껴진다면, 하나님의 영광을 강하게 구해야 한다.

"오늘 예배를 통해 하나님은 나에게 어떠한 은혜를 주실까?", "오늘 예배를 통해 하나님은 나에게 어떤 위로와 회복을 주실까?”, “오늘 예배를 통해 하나님의 충만한 영광을 얼마나 경험할 수 있을까?”를 항상 기대하는 자가 하나님의 칭찬을 받고, 하나님의 영광의 임재를 경험한다는 사실을 잊지 말아야 한다.

나는 피자를 굉장히 좋아한다. 우리가 흔히 알고 있는 세계적인 피자회사는 파자헛, 도미노, 파파존스가 있다.
피자헛은 ‘다양한 메뉴’를 공급한다는 특징을 가지고 있다. 예전에 미국에 살았을 때 피자헛에 종종 가서 피자를 먹었는데, 피사헛은 징말 메뉴가 다양해서 선택의 폭이 넓다.
그리고 도미노는 ‘빠른 배달’을 특징으로 가지고 있고, 이 특징을 광고로 활용해서 많은 유명해진 피자회사이다.

마지막으로 파파존스라는 피자회사가 있다. 파파존스는 갑자기 성장한 세계적인 피자 회사이다. 마케팅 전문가들은 파파존스가 소비자들의 관심을 끄는 이유를 연구했다. 그 결과 파파존스는 피자의 본질인 맛으로 승부를 건다는 사실을 알아냈다.

파파존스 피자의 값은 다른 피자에 비해 좀 비싸지만, 양질의 재료를 쓰고, 신선한 야채들을 써서 기본에 충실한 피자 본연의 맛을 내기 위해 노력한다고 한다. 피자는 싼 것도 중요하고, 빨리 배달되어야 하는 것도 중요하고, 다양성을 가지고 있는 것도 중요하지만, 무엇보다도 가장 중요한 것은 두말 할 것도 없이 피자다운 맛이다. 피자의 본질과 핵심은 피자 맛이기 때문이다.

신앙생활에 있어서 본질은 무엇일까? 두말 할 것도 없이 바로 예배이다. 예배는 신앙생활의 본질이자, 기본이자, 핵심이다. 하나님께서는 예배자를 찾으신다. 예배 잘 드리는 사람을 찾으신다.

예배 속에서 하나님의 영광의 임재를 경험했다면, 일상에서 내가 하는 일에 대해 신앙적인 가치를 부여하며 하나님을 기쁘시게 해 드리기 위해 열심히 살아야 한다.

지금 우리가 하는 일은 하나님께서 맡겨주신 일이라는 믿음이 있어야 한다. 그 믿음을 가지면 우리에게 맡겨진 일들을 정말 열심히 할 수 있는 동기가 생긴다. 작은 일에 충성하면, 하나님께서 인성하시며 더 큰 일을 맡겨 주신다. 마태복음 25장의 달란트 비유에서 하나님께서는 우리에게 말씀하신다.

"네가 적은 일에 충성하였으매 내가 많은 것을 네게 맡기리니 네 주인의 즐거움에 참여할지어다"

지금 하고 있는 일이 아무 것도 아닌, 하찮은 것이라고 생각하는가? 절대 그렇지 않다. 하나님께서 현재 우리에게 맡겨주신 일은 하나님께서 계획하신 놀라운 일이다. 해도 되고, 안 해도 되는 일이라고 생각하지 말아야 한다. 자신이 하는 일에 신앙적인 가치부여를 해야 한다.

가장 극단적인 예로 군인의 경우를 들겠다. 왜냐하면 군인들은 명령에 의해 하기 싫은 일을 많이 하기 때문이다. 신앙이 있는 군인들은 비자발적인 일을 할지라도 이러한 신앙적 가치부여를 해야 한다.

"내가 부대에서 하는 일은 작게는 나 자신에게 성령의 열매인 인내의 열매를 맺게 하시기 위해 맡겨주신 일이야. 조금 넓게는 우리 가족을 위해서, 더 넓게는 우리 나라의 국방을 위해 하나님께서 나를 쓰시는 것이야!"

우리가 하는 일에 소중한 신앙의 가치, 하나님의 영광을 위한 중요한 가치를 부여해야 한다. 군목시절 내

명함에는 '하나님을 위하여. 국가를 위하여'라고 새겨져 있었다. 내가 하는 일이 그냥 작은 부대, 작은 교회에서 하는 일이라고 쉽게 생각하지 않았다. 그리고 사역도 대충 하지 않았다. 왜냐하면 그 때 내가 하고 있던 일은 작은 일이 아닌, 국가를 위하여 하나님께서 나에게 맡겨주신 하나님의 영광을 위한 소중한 일이었기 때문이다.

나는 목회를 하면서 가정주부로 살며 우울증에 빠진 여자 집사님들을 꽤 많이 봤다. 누구의 엄마, 누구의 아내로 살면서 자기 자신이 하고 있는 일에 소중한 가치를 느끼지 못했기 때문이다.

가정주부는 하나님께서 나를 우리 가정의 리더로 세워주셨다는 믿음이 있어야 한다. 아이들을 잘 양육하고, 건강하게 키워서 하나님 나라의 귀한 인재들로 만들어야겠다는, 하나님께 영광돌리기 위한 구체적인 비전을 가지고 열심히 해야 한다. 그럴 때 가정의 일은 정말 중요한 하나님의 사역이 될 수 있다.

평범한 직장인들도 마찬가지이다. 예를 들어, 직장에서 일어나는 어떠한 상황에서든지 밝은 인상과 온화한 말을 유지함을 통해 믿지 않는 사람들에게 예수님의 향기를 드러내겠다는 구체적인 결심을 하고 직장생활 가운데 실천한다면, 그것이야말로 하나님께 영광을 돌리는 정말 귀한 사역이 될 수 있다.

작다고 생각하는 그 일을 통해 하나님의 놀라운 영광이 드러난다. 고린도전서 10장 31절의 말씀을 마음에 새기기 바란다.

"그런즉 너희가 먹든지 마시든지 무엇을 하든지 다 하나님의 영광을 위하여 하라"

예배를 통해 하나님의 영광의 임재를 경험하며, 일상 속에서 내가 하는 일에 대해 신앙적인 가치를 부여하며 살아간다면, 그 다음 미래에 계획하는 일을 통해 구체적으로 어떻게 하나님께 영광 돌릴지를 생각하며 계획을 세우는 훈련을 해야 한다.

우리는 미래에 하고 싶은 일, 계획하는 일을 통해 구체적으로 어떻게 하나님께 영광 돌릴지를 생각해야 한다. 중요한 것은 구체적이어야 한다는 것이다.

"의사가 되어 어려운 자들을 도움으로 말미암아 하나님께 영광을 돌리겠다."

라고 추상적으로 생각해서는 안 된다.

"의사가 되어서 여름, 겨울에 정기적으로 선교지에 들어가 의료의 혜택을 못 받고 있는 사람에게 무료로 진료해 주겠다."

와 같은 구체적인 생각과 계획이어야 한다.

"선생님이 되어서 학생들을 잘 가르쳐서 하나님께 영광을 돌리겠다."

라고 추상적으로 결심해서는 안 된다.

"선생님이 되어서 학생들을 사랑하는 마음으로 매주 정기적으로 시간을 정해서 상담하면서 그들의 아픔을 들어주고, 복음의 영향력을 발휘하겠다."

와 같은 구체적인 계획이어야 한다. 그리고 그 계획과 꿈을 이루기 위해 열심히 노력하는 삶을 살아야 한다. 갈라디아서 6장 7절에 다음과 같은 말씀이 나온다.

"스스로 속이지 말라 하나님은 업신여김을 받지 아니하시나니 사람이 무엇으로 심든지 그대로 거두리라"

노력한 만큼의 결과가 나오는 것이 기독교에서 말하는 복이다. 하나님께 구체적으로 영광을 돌리기 위한 비전도 열심히 노력해야 이룰 수 있는 것이다.

이 장에서 우리는 바울의 기도 마지막 편을 공부했다. 이번 장의 기도는 우리 안에 하나님의 영광이 충만하고, 그럼으로써 지금 우리가 하는 일 가운데, 그리고 앞으로 우리가 해야 하는 일 가운데, 그리고 계속 진행되는 우리의 삶 속에서 하나님의 영광을 드러내게 해 달라는 소망이 담긴 간구이다. 이 기도를 하면서 예배의 자리를 회복해야 한다. 예배를 소중히 여기며, 예배 속에서 하나님의 임재와 영광을 충만하게 경험해야 한다. 그리고 지금 하고 있는 일을 소중히 여기며, 그것이 하나님께서 내게 맡겨주신 일임을 믿고, 신앙적인 가치부여를 하면서 열심히 해야 한다. 또한, 미래에 하고 싶은 일, 계획하는 일을 통해 어떻게 구체적으로 하나님께 영광을 돌릴 것인지를 생각하며, 열심히 노력하는 삶을 살아야 한다. 하나님께 영광을 돌리기 위한 구체적인 계획과 열망, 그리고 실천이 하나님께 감동을 드릴 것이고, 우리의 삶이 하나님의 영광으로 충만하게 될 것이다. 아멘.

기도 트렌드

실천편

7개씩 × 11 파트 = 매일 77 기도

※ 매일 시간을 내어서 이 기도제목을 집중해서 읽고,

간절히 소망하며 기도하기 바랍니다!

1

첫 번째 바울의 기도 적용

하나님을 제대로 알게 하소서

1. 지혜의 원천이신 하나님을 경외하는 삶을 살아갈 수 있게 하소서!

2. 지혜와 계시의 영인 성령님이여! 저에게, 저의 가족에게, 저의 교회 식구들에게, 한국교회 성도들에게 강력하게 역사하여 주소서!

3. 하나님을 아는 지식을 통해 하나님을 향한 믿음이 성장하며, 하나님을 사랑하는 정도가 더 뜨거워질 수 있게 하소서!

4. 하나님을 아는 것을 나만 가지고 있는 것이 아니

라, 다른 믿지 않는 자들에게도 전할 수 있는 담대함과 용기를 가질 수 있게 하소서!

5. 간절히 하나님을 찾는 참된 기도의 용사가 되게 하소서!

6. 지속적으로 하나님과 교제함으로 말미암아 하나님의 은혜가 제 안에 언제나 흘러넘칠 수 있게 하소서!

7. 하나님의 지혜로 이 세상을 살아가고, 하나님의 지혜로 맡겨진 일들을 잘 감당하고, 하나님의 지혜로 인생을 승리하게 하소서!

2

두 번째 바울의 기도 적용 

예수님에게까지 자라게 하소서

1. 육신의 욕심, 세상적인 정욕에 머무른 우리의 잘못을 용서해 주소서!

2. 자족의 원리를 깨달음으로 육신의 욕망과 세상의 욕심을 잠재우게 하소서!

3. 하나님께서 주신 것에 만족하고, 감사하는 삶이 되게 하소서!

4. 오직 하나님을 향한 믿음으로 마음의 눈이 열려 영적인 사람이 될 수 있게 하소서!

5. 예수님을 닮은 인격을 통해 이 세상에서 빛과 소금의 역할을 감당하는 기독교인이 되어 하나님의 부르심에 소망대로 살 수 있게 하소서!

6. 이 세대를 본받지 말고, 하나님께서 기뻐하시는 거룩함을 회복할 수 있게 하소서!

7. 내가, 우리 가족이, 우리 교회 식구들이, 한국 교회 성도들이 예수님의 인격을 닮게 하소서!

3

세 번째 바울의 기도 적용

하나님의 영광을 맛보게 하소서

1. 이 세상에서의 삶이 끝이 아니고, 영원한 하나님의 나라가 있음을 머리로서가 아니라, 전인격적으로, 진심으로 믿게 하소서!

2. 하늘의 상급과 은혜와 영광을 바라보고, 느끼고, 기대하는 자가 되게 하소서!

3. 세상에서 받는 어려움과 고난에 초연할 수 있는 자가 되게 하소서!

4. 지금 받고 있는 고난을 하나님께서 주시는 힘으로 능히 이겨낼 수 있게 하소서!

5. 때를 얻든지 못 얻든지 예수 그리스도의 복음을 전하는 자 되게 하소서!

6. 희생과 손해를 각오하면서까지도 하나님의 뜻을 따르기 위해 힘쓰는 자가 되게 하소서!

7. 뜨뜻 미지근한 신앙이 아니라, 열정을 가지고 화끈하게 예수님을 따르게 하소서!

4

네 번째 바울의 기도 적용

하나님의 능력을 깨닫게 하소서

1. 우리의 삶을 돌아보면서 하나님의 인도하심과 역사하심을 느낄 수 있게 하소서!

2. 어려운 삶의 과정 중에서도 하나님을 향한 신실한 감사의 고백을 올려드릴 수 있게 하소서!

3. 예수님의 부활을 생각하면서 부활신앙을 마음 속 깊이 받아들일 수 있게 하소서!

4. 예수님께서 나의 구원자되심을 항상 인정하며 살아가게 하소서!

5. 예수님께서 우리 가족의 구원자되심을 항상 인정하며 살아가게 하소서!

6. 예수님께서 우리 교회 식구들, 한국 교회 성도들의 구원자되심을 항상 인정하며 살아가게 하소서!

7. 예수님으로 인해 세워진 예수님의 몸된 교회를 더 사랑하게 하소서!

5

다섯 번째 바울의 기도 적용

속사람을 능력으로 강건하게 하소서

1. 하나님의 영광이 되기 위해 결단하고, 행동할 수 있게 하소서!

2. 성령의 능력으로 강한 의지를 받아 감정에 휘둘리지 않는 삶을 살아갈 수 있게 하소서!

3. 인간 관계에 있어서는 자존심 내려놓고 져줄 줄 아는 마음의 여유가 있는 사람이 되게 하소서!

4. 죄의 문제에 있어서는 단호하게 'NO'라고 말할 수 있는 담대한 사람이 되게 하소서!

5. 성령님께서 내 삶을 주관하셔서 죄를 미워하는 사람이 되게 하소서!

6. 오직 하나님만 바라봄으로 말미암아 주변환경에 좌지우지되지 않고 중심을 잡으며 살아갈 수 있게 하소서!

7. "예수님이라면 어떻게 하셨을까?"를 항상 스스로에게 질문하며 인생을 살아가게 하소서!

6

여섯 번째 바울의 기도 적용

예수님께서 저의 주인이 되게 하소서

1. 지금까지 내가 내 삶의 주인이며, 삶의 주관자됨을 착각하며 살아왔던 죄를 용서하여 주소서!

2. 언제, 어느 때에든지 예수님께서 내 삶의 주인이며, 주관자 되심을 인정하며 살아갈 수 있게 하소서!

3. 세속적인 것들-돈, 명예, 권력-이 삶의 목적이 되지 않게 제 마음을 붙잡아 주소서!

4. 지속적으로 예수님을 신뢰하고 의지하며, 모든 선택의 순간에 예수님이 기뻐하시는 선택을 함으로서 예수님께 인정받는 사람이 될 수 있게 하소서!

5. 나의 주인되시는 예수님으로 말미암아 마음에 평안과 위로를 얻을 수 있게 하소서!

6. 나의 주관자되시는 예수님으로 말마암아 담대한 사람이 되게 하소서!

7. '오직 믿음으로' 살아감으로 아브라함과 같이 하나님의 인정을 받을 수 있게 하소서!

7

일곱 번 째 바울의 기도 적용

하나님의 사랑 안에 거하게 하소서

1. 하나님의 아가페 사랑이 얼마나 위대하고, 강한지 깨닫게 하소서!

2. 하나님의 아가페 사랑을 늘 생각하고 감사하면서, 날마다 자신에게 복음을 전하는 사람이 되게 하소서!

3. 예수 그리스도의 복음을 전하며, 하나님의 사랑을 실천하는 가운데 내 안에 하나님의 아가페 사랑이 충만하여지게 하소서!

4. 하나님의 아가페 사랑으로 우리 가족을 이해하고 사랑하게 하소서!

5. 하나님의 아가페 사랑으로 나에게 해를 끼치는 사람을 용서하고 사랑하게 하소서!

6. 하나님의 사랑을 바탕으로 내 안에 강인한 믿음이 자리잡아 어떤 유혹과 시험, 고난이 찾아온다 해도 넘어지지 않고, 믿음을 잘 지켜낼 수 있게 하소서!

7. 유혹과 고난, 시험이 다가오면, 믿음이 약해지는 것이 아니라, 오히려 반대로 믿음이 더 강해지는 세상이 감당치 못할 믿음의 용사가 될 수 있게 하소서!

8

여덟 번째 바울의 기도 적용 

예수님의 사랑 안에서 연합하게 하소서

1. 내가 출석하고 있는 교회 식구들 모두가 예수님 안에서 하나가 될 수 있게 하소서!

2. 싫어하는 마음이 드는 교인도 품고, 나와 생각이 다른 교인도 존중하며 품을 수 있게 하소서!

3. 교회 안에 어느 누구도 차별하지 않을 수 있게 하소서!

4. 예수님을 머리로서만 아니라, 전인격적으로 믿게 하소서!

5. 예수님과의 지속적인 만남의 경험을 통해 예수님의 사랑을 매일 느끼고 깨닫게 하소서!

6. 공동체 안에서 열심히 기도하고, 열심히 말씀 듣고, 열심히 찬양하고, 열심히 봉사하는 가운데 모두 함께 예수님의 사랑을 체험할 수 있게 하소서!

7. 내 생각을 하기 전에 다른 사람들의 생각을 먼저 해 줄 수 있는 너그러운 마음, 부드러운 마음, 따뜻한 마음을 가질 수 있게 하소서!

9
아홉 번째 바울의 기도 적용

성령의 인격으로 변화되고, 은사를 받게 하소서

1. 내 안에 있는 세상적인 욕심을 예수 그리스도의 십자가 아래에 내려놓게 하소서!

2. 하나님의 가치와 비전을 소중히 여기며, 성령충만함을 받을 수 있게 하소서!

3. 성령의 9가지 열매를 사모하고 간구하는 사람이 되게 하소서!

4. 성령의 9가지 열매가 아름답게 맺혀져서 내 삶이 변화되게 하소서!

5. 성령의 능력(은사)을 사모하고, 간구함으로 말미암아 받아누리는 성령의 사람이 되게 하소서!

6. 성령의 능력(은사)을 나의 유익이 아닌, 주님의 교회와 주님 나라 확장을 위해, 다른 사람의 필요를 채워주기 위해 사용하는 자가 되게 하소서!

7. 가장 큰 은사인 사랑을 사모하고, 간구하는 사람이 되게 하소서!

10

열 번째 바울의 기도 적용

하나님을 100% 신뢰하게 하소서

1. 하나님께서 언제나 나에게 역사하고 계심을 믿고 살아갈 수 있게 하소서!

2. 전지전능하신 하나님을 붙들고 살아가는 믿음의 사람이 되게 하소서!

3. 하나님은 항상 나의 좋은 아버지라는 사실을 붙잡고 살아가게 하소서!

4. 하나님이 나의 필요를 가장 잘 알고 계심을 믿고, 하나님께 모든 삶의 문제를 맡기고 살아가게 하소서!

5. 하나님을 100% 신뢰하므로, 내 삶에서 걱정과 근심, 염려가 사라지게 하소서!

6. '그리 아니하실지라도'의 고백을 가지며, 어떠한 삶의 형편에서도 하나님을 향한 100%의 믿음 속에 살아가게 하소서!

7. 내가 원하는 때가 아닌, 합력하여 선을 이루는 하나님의 때를 신뢰할 수 있게 하시고, 기도응답의 때를 하나님께 맡길 수 있게 하소서!

11

열한 번째 바울의 기도 적용

오직 하나님께 영광을 돌리는 삶을 살게 하소서

1. 예배를 통해 내 안에 하나님의 영광이 충만할 수 있게 하소서!

2. 하나님께 올려드리는 예배를 사랑하며 내 인생의 최고 우선순위가 되게 하소서!

3. 내가 지금 하는 일을 통해 예수님의 향기가 드러날 수 있게 하소서!

4. 내가 지금 맡은 일에 신앙의 가치를 부여하며, 최선을 다해 열심히 함으로써 하나님의 영광을 나타낼 수 있게 하소서!

5. 내가 미래에 계획하는 일을 통해 구체적으로 어떻

게 하나님께 영광 돌릴지를 항상 생각하고, 그 비전을 반드시 이루기 위해 열심히 노력하는 삶이 될 수 있게 하소서!

6. 우리 가족의 삶을 통해 오직 하나님께 영광을 돌리게 하시며, 믿지 않는 가족들이 우리 가족의 삶의 모습을 보고 하나님께로 돌아오는 은혜의 역사가 일어나게 하소서!

7. 우리 교회 식구들이, 그리고 이 세상에 있는 모든 하나님을 믿는 자녀들이 하나님의 영광을 위해 살아감으로 말미암아 세상 모든 민족이 전능하신 하나님 앞에 굴복되며, 이 땅에 푸르고 푸른 그리스도의 계절이 올 수 있게 하소서!

저자소개 : 김성중 목사

학력 연세대학교 신과대학 졸업
장로회신학대학교 신학대학원 목회학 석사 졸업
장로회신학대학교 대학원 기독교교육학 석사 졸업
미국 보스턴대학교(Boston University) 종교교육학 석사 졸업
미국 플로리다대학교(University of Florida) 교육학 박사 졸업
미국 하버드대학교(Harvard University) 행정대학원 NGO 전문교육연수 수료

경력 前 동안교회 청소년부 담당 전도사, 목사
前 대한민국 공군 군종목사
前 평화교회 교육 협력목사
前 인도네시아 주님의교회 교육총괄 목사
前 플로리다 게인스빌 한인교회 교육총괄 목사, 청년유학부 목사
前 세광교회 교육총괄 목사, 청년부 목사
現 전국 청소년수련회, 부흥회, 교사세미나 강사
現 코스타(KOSTA) 강사
現 기독교교육리더십연구소 위원장
現 연세대학교 강사
現 더작은재단 교육강사
現 플로리다 게인스빌 한인교회 협동목사
現 서소문교회 청년부 목사
現 한국기독교교육학회 임원
現 대한기독체육회 임원
現 한국기독교성지순례선교회 이사
現 장로회신학대학교 교수 (교육학/글로컬현장교육원)

저서 비전을 심어주는 청소년 사역 매뉴얼(쿰란출판사, 2007)
비전으로 인생을 연주하라(예영 커뮤니케이션, 2009)
출애굽기, 그 다음은 뭐였더라?(공저, 하늘산책, 2011)
기독교교육행정학의 이론과 실제(민영사, 2015)
너는 커서 어떤 나무가 될래?(생명의 말씀사, 2016)
교회교육 현장으로 나가다(공저, 동연, 2016)
2016 대림절 묵상집 "주님을 기다리며"(공저, 동연, 2016)

전문학술자문
믿음의 땅, 순례의 길(유성종. 이소윤 저, 두란노, 2016)
P31 비즈니스 다이어리(하형록 저, PBS, 2016)

설교 및 강의문의 : newant99@gmail.com

이 시대에 필요한

기도 트렌드

지은이 김성중
펴낸이 김동현
펴낸곳 민영사 임프린트 예사람
펴낸날 2017년 3월 15일 초판

주소 서울시 성동구 독서당로 39길 43 1층
전화 (02)711-1224, 711-1225
팩스 (02)711-1226
등록 2014년 1월 1일 제2014-000001호
Home http://www.minyoungsa.com
E-mail myspub@hanmail.net

ISBN 979-11-86378-17-5 03230
정가 12,000원

※ **예사람**은 예수 닮기 소망하는 사람들이라는 뜻으로 문서 선교를 위한 **민영사**의 기독교 임프린트입니다.